万卷楼

马勇说晚清

马 勇 著

北方联合出版传媒（集团）股份有限公司

万卷出版公司

目 录

辑一 国故 / 1

慈禧归政记 / 1

甲午：1895—1915 / 15

误国、伤国、灭国 / 21

一本书与中日师生易位 / 29

皇族内阁错在哪儿 / 35

资政院：中国式悲剧 / 41

辑二 听闻 / 49

谁要了光绪的命 / 49

恭亲王之死 / 61

罢免翁同龢是光绪的意图吗 / 65

袁世凯是不是"有密未告" / 89

真假"衣带诏" / 103

东北亚，一触即发 / 119

争夺南京 / 137

辑三　姑言 / 143

千古莫辩是慈禧 / 143

毁誉摄政王 / 159

严复的难题 / 167

两个人的甲午 / 175
　　——李鸿章与伊藤博文

那些忧伤的年轻人 / 183

绅商：革命与妥协 / 193

别了，皇上 / 197

辑四　说法 / 205

谁摘了袁世凯的顶戴 / 205

谁终结了帝制 / 225

回看"不平等条约" / 231

君主立宪动了谁的奶酪 / 235

辛亥年的棋，段祺瑞的子 / 243

大清王朝的掘墓人 / 267

革命与改良的赛跑 / 273

慈禧归政记

如果从 1886 年"祺祥政变"开始算起，慈禧太后在大清王朝最高领导人这个位置上已经待了二十五年，尽管这个位置只是"垂帘听政"，并不是名正言顺的最高领导人。然而一个女人，特别是一个失儿无女的寡妇，不论她对权力是怎样地充满兴趣，二十五年的漫长岁月都会消磨掉这单调乏味的权力欲望。更何况，过去的二十五年，慈禧太后使中国发生了巨大变化。更准确地说，应该变化的都变了——向西方学习，踏上近代化的轨道，中国的发展大致上说来已经进入正轨；而不应该变化的都没变——大清王朝还是满洲贵族统治，不管汉人官僚拥有怎样的权力，满洲贵族集团的利益并没有因为中国的发展而动摇。一个时代就这样在中国历史上确立下来了，这个时代不管谁是名义上的皇帝，谁又能不承认这个时代其实就是"慈禧太后时代"呢？一个年过半百的寡妇还有什么不满足的呢？

太后的想法

1886 年 7 月 11 日（清光绪十二年六月十日），满打满算年过半百的慈禧太后似乎失去了对权力的兴致。这一天，慈禧太后在宫中召见小皇帝的亲生父亲，现在为大清国重臣的醇亲王奕譞，还有领班军机大臣礼亲王世铎等满洲贵族中的当家人；陪同慈禧太后召见的有年仅十五岁的小皇帝光绪帝。会议的主旨就是商量慈禧太后不再"垂帘听政"，将大清国日常事务的处置权还给小皇帝。

根据《光绪朝东华录》记载，当天会议之后发布的懿旨说，当年小皇帝即位时只有三岁，实在太小，无法亲政，大清王朝一切用人行政，王公大臣等不能无所秉承，所以那时不得已允准廷臣之请，"垂帘听政"，并郑重约定一旦小皇帝典学有成，即行亲政。现在十二年过去了，小皇帝孜孜念典，德业日新，长大成人了，最近也能够亲自批阅奏章，论断古今，剖决是非，权衡允当。这当然是国家之福，人民之福，所以慈禧太后在懿旨中表示有意借此机会卸任息肩，颐养天年。所以慈禧太后在会议中和懿旨中都郑重且高兴地宣布，她将遵守当年约定择期归政，请钦天监选择吉期，于明年某个时刻举行皇帝亲政典礼。

如果我们不带有"恶的历史观"去延续一百年来"革命话语"，如果我们从日常情理层面去体察慈禧太后此时此刻的心情，我们应该相信太后的真诚，应该相信她的"退位"并不存在着什么"微言大义"或矫情，更非虚情假意，而是其内心真实意思的表达。因为那个时候，是大清国的鼎盛时代，接近于三十年的洋务新政给大清国带来了一番新气象，先前经两次鸦片战争、太平天国运动所消耗的国力大致得到恢复，大清王朝似乎重新回到了一个新的盛世时期。慈禧太后在这个时候提出由小皇帝亲政，其实就是功成身退，就是要在青史上留名，要用事实正告那些一直诋毁她政治人格的反对派：我叶赫那拉氏虽为女流，但绝不是权力贪婪者。

我们之所以这样说，并不是刻意要替慈禧太后翻什么案，因为历史事实俱在，因为在那时大清王朝内部并没有谁对太后的权力提出过挑战，担负执政政治责任的满洲贵族集团对太后过去若干年的操劳大致还是满意的，所以也没有人对太后的权威提出异议。

从太后的立场进行分析，她之所以提出让小皇帝亲政，主要的还是为大清王朝长治久安考虑，希望小皇帝在实际历练中提高能力，树立威望，并逐步建立自己的执政班底或团队。然而，从小皇帝立场看，不论真的学到了多少知识，十五岁就担负起大清王朝的政治责任，委实有点太累太恐惧，何况这个位置迟早都是自己的，有老佛爷在前面罩着，帝国的一切用人行政，还是比较轻松愉快的。所以当太后的决定一宣布，小皇帝当即长跪恳辞，醇亲王奕譞及军机大臣礼亲王世铎等亦以时事多艰，万几繁巨，小皇帝在皇太后指点下，日积月累，积少成多，精进不止，不断进步，是有了相当能力。不过学无止境，如果皇太后能够从缓归政，将小皇帝扶上马送一程，将来皇上躬亲庶务，必能贯彻无疑，益臻上理，有助于政治稳定社会发展，实为大清王朝之福、天下臣民之幸。

醇亲王奕譞是道光帝第七子，他的大福晋是慈禧太后的亲妹妹。醇亲王奕譞和他的大福晋的第二子载湉，也就是现在的光绪帝。从亲情上说，醇亲王奕譞是慈禧太后的妹夫，是当今皇上光绪帝的亲爹，因此不论从哪个角度说，他的陈情与呼吁都是真诚的，都是为帝国，为小皇帝未来前途好。何况，醇亲王奕譞的学识才智不过中等，既无野心，更无锋芒，他之所以得到慈禧太后的信任，比较公平的说法就是他的平庸和谨慎。

至于礼亲王世铎，他虽然长时期位居军机处领班大臣等显赫地位，但实在说来大概也属于那种比较平庸甚至比较无能的人，他对慈禧太后的忠诚似乎不必怀疑，所以在慈禧太后当政的那些年，礼亲王世铎的政治待遇一直保持不变，以满洲贵族掌门人的身份协助皇太后处理朝政。

醇亲王、礼亲王的再三吁恳，情词亦出于至诚，皇太后对此也有比较深的了解，但她主意已定，并不理会光绪帝及醇亲王、礼亲王等人的恳请。慈禧太后向他们解释说：十二年前"垂帘听政"乃非常之举，本属一时权宜。皇帝继统御极，仰承穆宗毅皇帝付托之重。现在皇上既然典学有成，正宜与内外臣工勤求治理，宏济时艰，自应遵从同治十三年十二月初七懿旨约定，即行亲政，以慰深宫期望之意。坛庙大祀，皇上均应亲诣行礼，以昭诚敬。慈禧皇太后的决定不再改变，仍命各方面继续准备，并命钦天监于明年正月内选择吉期，举行亲政典礼，所有应行事宜及应复旧制之处，命各相关衙门敬谨查明成案与惯例，奏明办理。

这是慈禧太后宣布归政当天的事情，所有细节在《清实录》《翁同龢日记》等相关文献中都有比较详细的记载。后来的研究者对事实本身并没有提出多少不同看法，只是在对慈禧太后的心理动机分析上，大都遵循"恶的历史观"揣测慈禧太后归政的诚意并不可靠，认为慈禧太后对权力的贪婪使她不可能真的放弃已经获得的至上权力。这种分析其实不过是以小人之心度君子之腹，更是从来没有掌握过权力的书生之见或臆想。

根据翁同龢在日记中的记载，醇亲王奕譞在向慈禧太后当面请求从缓归政未准后，曾找帝师翁同龢等人商量对策及善后，醇亲王介绍了与皇太后面谈的情况，说皇上亦当面跪求，但仍然没有使太后回心转意。翁同龢说：这个事情至关重大，王爷宜率御前大臣、毓庆宫诸臣一起请求皇太后抽个时间接见并一起讨论。醇亲王对于翁同龢的建议没有给予明确答复，只是表示待军机处开会商量后再作讨论。

在稍后召开的军机处会议上，礼亲王世铎介绍了事情的经过，表示圣意难回，只好承旨去做。翁同龢对此似乎还是不死心，他依然建议醇亲王率枢臣继续面谏，争取慈禧太后收回成命。醇亲王表示今天时间来不及了，待第二天王公大臣会议会商后，再作表示。

散会后，翁同龢往访同僚孙毓汶，告诉他如果请求慈禧太后继续训政不如请缓归政为得体，而孙毓汶对翁同龢的建议唯唯否否，不知所云。是日夜，热情亢奋的翁同龢起草了一份奏折，准备明天商之同僚同人。

第二天（7月12日，六月十一日），一切如常，翁同龢将他起草的奏折底稿交给同僚进行讨论，各位在阅读之后大致同意翁同龢的建议，遂定议连衔上，并以此请示醇亲王奕譞，奕譞以为然。当天各方面的酝酿基本成熟，但能否如愿还要看慈禧太后本人的意思。

不得不让步

7月15日（六月十四日），醇亲王奕譞先上了一个折子，折子的前半段吁请皇太后体念时艰，继续训政，即便要归政，也应该等皇上二十岁时；后半段专言皇帝亲政后宫廷一切事务仍请太后裁决，上不问，始可专心典学云。醇亲王的这个折子似乎已考虑接受皇帝亲政的意思，所以翁同龢对这个折子的评价似乎不高，以为"意甚远"。

同一天，礼亲王世铎等重臣也奏请皇太后再训政数年；在大清王朝统治集团中拥有重要地位的蒙古亲王伯彦讷谟祜等也专折奏请皇太后从缓归政。这些呼吁、请求，可以说是帝国政治游戏，是政治粉饰，是对皇太后的拥戴。但是，慈禧太后并没有在这些呼吁请求后改变主意，她表示："垂帘听政"之举，实在是出于万不得已。十余年来深宫训导，欣见皇帝典学有成，特命明年正月内举行亲政典礼。这个决定经过反复审慎权衡，是最后决定，不容再有游移。天下之事，至繁至赜。皇帝亲政之始，容或有未及周知的事情，但只要各位重臣共矢公忠，尽心辅助，内而枢臣，外而疆吏，均是朝廷的重要凭借，协助皇上处理政务，责无旁贷。各位只要殚竭血诚，力图振作，于应办事宜任劳任怨，不要因循推诿，致负委任。至于皇帝求学，本无止境，一切经史之功，国际事务，仍由毓庆宫行走诸臣朝夕讲求，不惮烦劳，俾臻至善。总之，帝德王道，互为表里，皇帝亲政后，正可将平日所学付诸实践，以回应天下臣民对皇上的期待。慈禧太后坚决否定了醇亲王奕譞等人继续训政数年暂缓归政的建议，不愿就这个事情再作任何讨论。

至于醇亲王奕譞在奏折中提出的宫廷政治内外并重，希望皇太后在归政后参照现在规制，凡宫中一切事宜，先请懿旨，再于皇帝前奏闻，以便皇帝能够专心于大政。对此，慈禧太后表示可以考虑，称皇帝很小的时候就接到宫中由她亲自抚养教育，十余年如一日，感情至深。所以即便皇帝亲政后，她也不会将所有事务全部推开，一定会利用自己的经验随时调护，随时提醒。皇太后表示这是她的政治责任，不容推卸不容否认。平心而论，慈禧太后的这个心情放在任何一个母亲那里都是可以理解的正确决定，不必赋予历史文献本身所没有的含义。

这一天，钦天监选择的黄道吉日提交上来了，小皇帝的亲政典礼定于明年正月十五日也就是 1887 年 2 月 7 日举行。

翁同龢是光绪帝的老师，两人关系很深，感情也好。如今皇上要亲政了，翁同龢也觉得自己的努力奋斗特别是多年心血就要有结果了。7 月 16 日，他在给皇上例行上课时力陈时事艰难，总以精神气力为主，反复数百语，至于流涕，上颇为之感动。这一天，翁同龢还与各位王公大臣商量再上奏折，希望即便皇太后归政、皇上亲政了，海防及一切紧要事情仍应由慈禧太后做最后决定，并准许内外重要臣工封事直达储秀宫，像过去一样可以直接向皇太后请示汇报。对于翁同龢的这个建议，诸王以为然，但怎样建构这个新体制，诸位王公大臣以为还要与礼部商酌决定。

慈禧太后归政大概是没有办法转圜了，军机处和各位王公大臣现在能够做的就是劝说皇太后放慢归政步骤，或者答应在归政后仍然为帝国重大事务操劳。17 日（十六日），军机处拟就一份奏折，首言"垂帘听政"虽然是大清过去几十年的权宜之计（权），但并没有违背大清规矩（经）；次颂过去二十年，皇太后在大清王朝政治发展中的功德；末言外国交涉等各种事务及战守机宜等，期望未来还能仰承慈禧太后的政治经验和政治智慧。这个奏折中甚至有"为亘古未有之创局，即系亘古未有之盛事"二语，被翁同龢在当天的日记中嘲讽，以为不甚妥当。

翁同龢不仅忙着与诸位王公大臣商量着怎样请求皇太后暂缓归政，而且利用他与光绪帝的特殊关系，当面劝说光绪帝一定要在皇太后面前诚恳请求，真诚希望皇太后能为大清王朝继续负责任。翁同龢等人的用意究竟有多少发自内心真诚，有多少是官场规则和礼仪，我们并不太清楚，我们知道的是，在光绪帝、醇亲王奕𫍽、礼亲王世铎以及各位王公大臣一再呼吁奏请下，慈禧太后于7月19日（六月十八日）不得已答应勉为其难，同意在光绪帝亲政后再行训政数年，真的是扶上马再送一程。慈禧太后在懿旨中重申：垂帘听政，历稽往代，皆出权宜之举，行之不慎，流弊滋多，史册昭垂，可为殷鉴。早些天因为皇帝典学有成，特降懿旨，及时归政。这是深宫十余年来殷殷盼望之苦衷，天下臣民自应共谅。所以当这个决定宣布后，王公大臣等合词吁陈，均未允准。只是最近几天，皇帝及各位王公大臣再三恳请，情真意切，力陈时事艰难，军国重要，提出了不少应对方案，读后令人深省。所以当皇帝初亲大政，决疑定策，实不能不遇事提撕，期臻周妥，何敢固持一己守经之义，致违天下众论之公？只好勉为其难，答应于皇帝亲政后再行训政数年。俟数年后斟酌情形，再行降旨。

慈禧太后原本期待功成身退，为她的时代画上一个完美句号，最终因为这些原因没有成功。

在各方压力下，慈禧太后收回成命，答应在光绪帝亲政后再继续训政若干年。这个决定为后来的政治发展留下了非常大的变数，至少使中国传统社会的皇权中心发生了偏移，使许多事情变得越来越复杂，越来越难办。

不过，可能发生的这些问题，慈禧太后和清政府最高政治层也并不是没有一点预感，皇太后在决定接受群臣呼吁收回成命时，就命令军机大臣礼亲王世铎等专门研究在皇帝亲政后继续训政的制度安排，以免发生权力冲突贻误大事。

根据慈禧太后的指示，军机大臣礼亲王世铎等根据内阁等衙门提供的相关文献和规则，于1886年11月21日向清政府提交了一份皇帝亲政后继续训政的制度安排建议方案，规定在皇帝亲政后所有谒陵、祭祀等大典，均循旧制由皇帝亲自出席，或循旧制由礼部提出具体方案；凡遇皇帝召见、引见事宜，建议参照礼臣会议规制，暂设纱屏为障，皇太后在幛后升座训政；凡中外臣工呈递皇太后、皇上的奏折，均按照现在通行的规制书写；凡需接见的各部臣工，仍按旧制一律带领引见，至于皇太后是否出面接见，由皇太后届时自行决定；至于乡会试等各项国家大考，仍建议循旧制由相关部门拟题，呈皇太后审定，由皇上宣布，录取结果也仍由皇太后把关；内外臣工所递奏折需要批示、批复的，拟照旧制均请朱笔批示，由皇太后审定后发下。

按照这个制度安排，光绪帝亲政后似乎还有一个政务处理见习期。在这个见习期中，帝国重大事项除礼仪性典礼由小皇帝亲自出席进行政治历练外，但凡涉及政治决策、人事调整等重大事宜，在这个见习期也就是继续训政期仍由皇太后作最后把关，但小皇帝的参与确实是越来越多。这大概就是皇太后和满洲贵族重臣的期望，希望十五岁的小皇帝在老太后的带领下在政治上逐步成熟，或许能够像醇亲王奕譞所期待的那样，再过五年时间，待光绪帝二十岁的时候，能够独立处理政务。到那时，为帝国操劳三十年的慈禧太后再从第一线退出。这样肯定更有利于帝国的稳定。

期待一个新时代

从大清王朝政治立场看，这个制度安排可能更合乎逻辑和道理，更合乎大清王朝的利益最大化，所以在当时并没有人提出不同意见，一切都在按部就班地筹备着进行着。

1887年2月7日（光绪十三年正月十五日）一大早，年仅十六岁的小皇帝一脸肃穆亲往大高殿拈香，寿皇殿行礼，然后率王公大臣、蒙古王公以及六部九卿满汉高官前往慈禧太后居住的正宫慈宁宫门外行庆贺礼。礼毕，御太和殿，受王公大臣文武百官朝贺。礼成，光绪帝颁布亲政后第一份诏书，一是感谢过去十几年慈禧太后辛勤养育，感谢皇太后过去十几年孜孜不倦，励精图治，颂扬大清帝国在慈禧太后精心治理下纲举目张，物阜民康，丰功伟绩，为向来史册所无。

光绪帝的亲政诏书在谈到未来体制时，强调尽管自己遵照皇太后懿旨亲政了，但未来几年帝国重大决策依然如过去一样，由皇太后作最后决定，负最后责任，皇太后仍是大清王朝实际上的最高领导人。光绪帝要求诸王贝勒内外大小文武群臣，务当各抒忠赤，尽力报国；全国军民，敦本务实，共享升平。

慈禧太后继续训政从理论上说并没有使大清王朝的政治体制发生改变，只是毫无疑问的是，随着小皇帝亲政，随着小皇帝成长，帝国政治最终决策权必将逐步向光绪帝移交，这是朝廷内外大小臣工都看得很清楚的。所以，随着光绪帝亲政，慈禧太后尽管继续为帝国政治负最后责任，但如果不发生意外，她相信一个时代必将终结，而一个新的时代正在开始，所以，她要主动让位，她要为自己的余下岁月寻找生活兴趣，甚至要为自己找到一个更合适的居所，一来方便自己生活起居，二来逐步远离帝国政治中心，让皇儿尽早"断奶"，逐步独立自主地处理帝国政务。

或许正是基于这种考虑，在光绪帝亲政后不久，两宫似乎就在进行这方面的安排，寻找一个山清水秀的地方。1888 年 3 月 13 日（光绪十四年二月一日），光绪帝就此谕内阁，宣布将清漪园加以整修，并更名为颐和园，以备皇太后将来归政后居住。上谕说，过去二十余年，我圣母皇太后为天下忧劳，无微不至，而对自己实在考虑太少，现在想来实在有点不太合适，因念西苑距皇宫也不是很远，往年乾隆爷曾经在这里驻跸，殿宇尚多完整，稍加修葺，可以养性怡神。园中万寿山前的大报恩延寿寺是乾隆帝为庆祝其母六十大寿修建的。现在整理后由皇太后使用，敬踵前规，也是一个吉祥去处，只是将旧名清漪园谨改名为颐和园。殿宇一切亦将酌情加以葺治，以备慈舆临幸，更是作为慈禧太后六十华诞的贺礼。

对于光绪帝的孝心，慈禧太后当然高兴，但她也明确指示现在虽然寰宇初安，也不敢稍有暇逸之心，还是应该一切从简，只要能够将国家治理好，国家强大了，人民富裕了，她的心也就安了。

慈禧太后是对大清王朝有过重大贡献的领导人，按理说重建一个住所也是正当之举，然而我们看到大清王朝的体制在这方面也有可取之处，在言官以及一般社会舆论的监督下，光绪帝明确宣布此项工程并不动用国库中的经费，"工用所需悉出节省羡余，未动司农正款"，这个声明见于《清实录》，然而这个工程在后来却备受批评。

颐和园的整修工程是与光绪帝亲政、大婚，以及慈禧太后完全归政联系起来的，环环相扣。也就是说，之所以要整修颐和园，是因为皇帝真的长大了，成人了，要结婚了，要完全主持帝国政务了，为了帝国权力中心的一元化和唯一性，慈禧太后确实准备迁出皇宫了。1888 年 7 月 27 日（光绪十四年六月十九日），慈禧太后发布懿旨，定于明年二月归政。稍后，懿旨择定具体日期为二月初三日。至于光绪帝的大婚典礼，皇太后在稍后发布的懿旨中择定为明年正月二十七日。也就是说，当光绪帝完成大婚典礼成人仪式后不到一周时间，慈禧太后也就将帝国的所有政务统统交给光绪帝。

慈禧太后这一次应该是真的下定决心退出政坛，荡漾于山水之间，颐养天年。慈禧太后这个决定究竟有多少诚意，后来的研究者多有怀疑，其实这些怀疑是没有多少道理的。事实是，随着完全归政日子的逐渐来临，朝廷内部似乎也有不同声音。1889 年 2 月 20 日（光绪十五年一月二十一日），御史屠仁守向朝廷递交了一份奏折，大意是建议慈禧太后在这次完全归政后，继续操控或者说实际上掌握政权，建议外省密折、廷臣封奏，仍按照训政时期的体制上书皇太后、皇上圣鉴，俟皇太后披览后再施行，并建议皇太后不要住到颐和园，远离皇宫，继续住在慈宁宫，以方便对朝政的干预。

屠仁守的建议或许是出于挚诚，出于对帝国未来的关爱，但是这个建议却惹恼了慈禧太后，太后看了奏折后极端震惊和愤怒，表示"垂帘听政"本属万不得已之举，鉴于前代流弊和教训，特饬及时归政，上符列圣成宪，下杜来世口实。这是不容再作讨论的事情。现在如果按照屠仁守的建议，归政伊始，又降懿旨，规定内外奏折仍书"皇太后圣鉴"，仍由皇太后指示，这不是让皇太后自坏规矩，自损名声吗？屠仁守的这个建议既与朝廷先前决策相违背，又开后世妄测訾议之端，所见甚属乖谬。此事关系甚大，若不予以惩处，无以为逞臆妄言紊乱成法者戒。根据皇太后的建议，屠仁守为此丢掉了御史职务，并被开除公职，宣布永不叙用，只好回老家教书去了。看来，慈禧太后的归政决心不必怀疑。

当然，这样说并不意味着慈禧太后从此完全从政治中脱离出来，作为一个具有丰富政治经验的领导人和光绪帝的"亲爸爸"，慈禧太后归政后仍然有办法继续为帝国政治出力，为光绪帝把关，而通关渠道不再是训政时期的权力二元，即所有奏折一式两份，分送皇太后和皇上，而是权力一元，由光绪帝独立处理政务，唯需要皇太后操心者，由皇上的生父，也就是醇亲王奕譞随时与皇太后单线直接联系，听取皇太后的意见。只是这个联系，并不是帝国体制中的硬性规定，更不会使训政体制继续下去。

慈禧太后希望完全归政的决心是坚定不可动摇的，其诚意也是不必怀疑的。然而现在看来这个决定究竟是利是弊，也都很难说。清末掌故《异辞录》在谈到这个事情就说，假如慈禧太后当时接受了屠仁守的建议，继续训政时期的一些做法，那么后来的甲午战争、戊戌维新肯定都会不一样，慈禧太后也可以避免第三次"垂帘听政"的尴尬，可免大阿哥入嗣之举，可免义和团之乱、八国联军入都，乃至《辛丑条约》规定的数十年期限，本息加在一起多达九万万两的战争赔款。

历史当然无法假设，历史就这样走过了。1889 年 2 月 26 日（光绪十五年正月二十七日），十八岁的光绪帝大婚礼成。几天后，3 月 4 日（二月初三日），慈禧太后归政，光绪帝亲政。慈禧太后在宫中继续住了一个半月，就在光绪帝的陪同下前往颐和园。一个属于慈禧太后的完整时代就这样结束了，属于光绪皇帝的新时代就此正式揭幕。

从这个过程中，我们不难看到慈禧太后和中国农村中千千万万老太太没有什么区别，她们养育了儿子，然后培养他成才，然后为他娶妻成家，然后就把这个家交给儿子和儿媳。比较理智理性的婆婆此后一般都不愿过多干预孩子的生活。从日常情理的视角就不难理解慈禧太后的选择和放心离开，就不会产生那些无端的猜疑和臆想。

当然，人们还想问的是：慈禧太后的时代真的就此终结了吗？后来的历史不是已经证明这个终结是不可靠的吗？

甲午：1895—1915

甲午战争是近代世界历史的大事变，影响中国，影响中日，也深刻影响了世界。中国没有因这场战争走向沉沦，而是擦干了血迹，一切归零，重新开始，追慕日本的道路，维新、新政、宪政，书写近代中国历史上明亮的一页。

日本在战后也没有迅即变得趾高气扬，不可一世，不仅在列强面前继续保持谦恭的一面，而且相当坦诚地引领中国。谁也没有想到的是，先前两个视若仇雠的国家竟然因这场战争重建外交，中日两国联手一度给亚洲的区域整合带来新格局。

转身向东

对于中国来说，甲午战败是几百年来不曾有过的奇耻大辱。此前的中国，虽然也曾被西方国家打败，但英法毕竟属于西方，而此次的日本，几十年前还是中国文明的小学生，仅仅几十年，学生打败了老师，而且输得那样惨，中国的军队几乎没有在任何一次战役中取胜；先前被视为亚洲第一的北洋海军，竟然龟缩威海卫港湾不敢出战，被日本海陆夹击，全军覆没。

战后，中国如约向日本支付了巨额赔款，割让了台湾及澎湖，放弃了最后一个藩国朝鲜。奇耻大辱、巨大损失，并没有让中国就此沉沦。正如中国圣人一再告诫的那样：知耻而后勇，失败乃成功之母。中国在擦干了血迹、眼泪之后，沉痛反省，发自内心承认此次失败，主要还是技不如人。日本在过去几十年全心全意模仿西方，脱亚入欧，事实证明日本现代化路径选择优于此前中国的"中体西用"。

向强敌学习，这是中国人最了不起的一个特点，中国在1895 年开始酝酿的维新思潮中，朝野各界不约而同意识到转身向东，学习日本，走进维新时代。即便先前比较保守的翁同龢，经此一役，也深刻意识到"旧法实不足恃"，中国"不变法，不大举，吾知无成耳"。

所以当《马关条约》还没有履行时，翁同龢就开始与盛宣怀、胡燏棻、伍廷芳等新派人物通信讨论如何改革户政、兵政、工政以及创设印花税、银行、邮政、铁路等事项。这些事项，在先前几十年，一直有人呼吁、建议，但朝廷自信满满，根本不愿理睬。现在情形不一样了，中国在失败之后转身，已经没有那么多的阻碍力量了。

一场失败的战争反而成为中国发展的动力，这是先前那些不主张开战的政治家无论如何也想不到的，近乎举国一致的共识极大促进了中国的变革。实事求是说，1895—1897 年这几年，中国在政治、军事、经济、文化、教育诸多方面，都获得了长足进步。

在政治上，以日本维新路径为导向，中国最大限度地释放了社会，允许各地按照自己的条件确立发展方向，允许各地进行地方自治的试验，仅湖南，就在那短暂几年，取得了令人瞩目的成就。

政治上的另一动向是允许结社，允许组党，开放甚至鼓励扩大言论自由与言论空间。自强学会始，几年时间，各种各样的政治组织、学术组织遍布各地，民众的自治意识、"群"的意识、自治能力都在实践中获得极大提升。

至于媒体，先前几十年不死不活的报章获得了新生，康有为的《万国公报》《强学报》，梁启超主编的《时务报》，严复主笔的《国闻报》，只用了非常短的时间，就打开了发展空间，成为名副其实的"新闻纸"，引领中国的进步与发展。

军事是中国在甲午年间最大伤心处，战争还没有完全结束的时候，朝廷就听从外国人的建议，从头开始，训练新军。战后，中国依然没有放弃重建军事体制的目标，十几年的时间，中国确实重建了一支强大的现代化新军，并有了全新的指挥系统。

经济是中国与日本在甲午较量的基础，先前几十年的自我吹嘘经过实战检验犹如泡沫。战后，因《马关条约》的约束，中国不得不同意国际资本自由进出，一个出其不意的效果，是中国经济迅速上了一个新台阶，先前几十年没有力量修筑的铁路迅速完成了，祖先留在地下的矿产资源，也因国际资本的进入造福于社会。

至于文化教育，在甲午后也获得了巨大改变，几十年来争论的科举制度改革渐渐获取了基本共识，1898年因新教育大规模兴建让科举取士不再具有吸引力，越来越合算的留学成本更让科举取士成为制度鸡肋。食之无味弃之可惜，但最终还是没有逃脱终结的命运。

从胜利走向失败

甲午后的中国维新运动以日本为摹本，为榜样，日本也为维新运动提供了力所能及的帮助。在战前很久，日本一直期待就近分享中国发展成就与市场。当中国刚刚迈出向西方学习的步伐时，日本就派员请求像西方国家那样与中国建交、通商，互派公使。然而中国在很长时间并没有同意这些要求，直至1871年，中、日两国方才有机会建立近代意义上的外交关系。

日本明治维新后的立国方略是走向世界，与欧美诸强竞争；中国洋务运动基本方略是富国强兵，逐渐地有限制地开放市场。中、日两国具有无法回避的利益交集，日本走向世界不能不借道中国或中国的势力范围。东北亚因日本的崛起成为战争策源地，中日之外，还有俄国也是一个重要因素。

地缘关系让中日俄成为搬不动的邻居，东北亚成为和平地区对谁都有利。可惜的是，中日最后还是非常遗憾地选择了战争，新兴的日本在甲午一役脱颖而出，让世界刮目。

战后的日本占领台湾、澎湖列岛，开始了殖民统治，台湾的历史由此改道。对于大陆，日本在各通商口岸加大投资，日本的资本、技术迅即成为中国发展中的一个重要因素。

配合着投资，日本政府注意协调与中国朝野各界的关系，中国人对日本的看法渐渐由先前一度敌视转为缓和、追慕。日本很快成为中国青年留学的第一选择，除了经济、便利因素，对日本的认同应该是不必怀疑的事实。

中国的维新运动以明治维新为蓝本，日本朝野也对中国的维新运动给予关切。在1898年春夏，日本首相伊藤博文下野，迅即通过外交渠道安排到中国"旅游"。如果仔细分析伊藤访问中国的资料，我们可以很容易看到，自光绪帝以至庆亲王、李鸿章、荣禄等内外大臣莫不以伊藤博文为"维新导师"，虚心听取其改革建议。

维新运动因意外因素失败了，稍后的义和团战争对中日关系是一次考验。日本公使馆职员在动荡中被杀，日本成为仅次于德国的受害者，但日本在此后的活动中不仅注意西方大国的立场，珍惜自己刚刚获得的"大国俱乐部"资格，而且注意中国的感受，既不违背西方大国立场过分偏袒中国，也没有趁火打劫，谋取更多利益。当德、俄两国竭力提高中国赔款额度时，日本与英美站在一起坚决反对，力主无论如何不能让中国破产，所有的惩罚必须适度。日本的立场赢得了中国朝野的好感，在随后的新政实践中，学术界公认中国亦步亦趋模仿日本，日本成为二十世纪初年中国最信任的盟友。

俄国在义和团战争中乘机出兵中国东三省，俄国自然有其出兵的理由，但当义和团战争完全结束后，中、俄两国就撤兵作出安排，但俄国自恃与中国的特殊关系就是不走。面对俄国的强势、霸道，清政府办法不多，但俄国的做法显然损害了日本的利益，影响了日本通往欧亚大陆的通道。日本在1904年向俄国宣战，日俄战争改变了中日俄三国历史进程。

俄国迅即发生1905年革命，包括中国在内的亚洲则有列宁所说的"觉醒"，日本一方面成为中国革命的根据地，孙中山、黄兴等流亡世界的革命者云集东京成立同盟会，革命与改良在中国开始真正意义上的赛跑。

日本 1894 年以来一直同情、收留中国的革命者、政治逃亡者，但对清政府任何改革又表示支持，当清政府在内外压力下宣布预备立宪后，日本应清政府要求，请孙中山等人离开日本，很显然期待立宪成功。

近代中国的困境就是怎样与世界一致。所谓宪政，不外乎让世界以平等身份待我。不幸的是，预备立宪因机缘巧合并没有结果，武昌一场哗变让大清帝国成为往事。

中华民国的成立受到欧美、日本的追捧，一个全新的共和国拉近了与世界的距离。然而，第一次世界大战爆发让先前的世界发生分裂，日本在经历了甲午战争、日俄战争两次急剧膨胀后，并没有很好地消化这些成果，反而激励了其不自量力的野心。日本乘机占领山东，不论日本有多少理由，这都是中日交恶百年的开始。

误国、伤国、灭国

如果说"中体西用"共识支撑中国三十多年的发展，那么朝野各界达成的君主立宪，就是近代中国第二个重要共识。只是由于后来发生了意外，这个共识没有获得实践的机会，因而也就没有多少实际影响。历史的发展虽然说不上什么遗憾不遗憾，但中国缺少从君主专制到君主立宪这个中间环节，直接由君主专制过渡到民主共和，这实际上给后世中国预留了许多麻烦。那么，究竟是什么因素使君主立宪到了关键时刻无法实现，顷刻破灭了呢？说起来就是那个庞大的利益阶层即皇族不知退让，不知权力分享，结果就是既伤害了国家，也损害了皇族。

一个食利者阶层

什么是皇族，用最简单的语言说，就是两百年前跟随爱新觉罗家族打江山的那批满洲各部落头领的子孙后代，以及后来逐渐形成的政治新贵，也就是一个围绕在皇室周边的特殊利益阶层。他们不是皇室当然成员，但与皇室有着错综复杂的关系。爱新觉罗的江山当然有他们的贡献，也有他们的股份，但说到底，爱新觉罗家族的家长是皇帝，是大清国的董事长、法人代表，这些皇族充其量不过是持有股份的股东，最多是个份额比较大的股东而已。

在君主专制体制下，皇权具有至上权威，尽管这个至上权威也是这个统治集团集体赋予君主的。但是权力的异化是个普遍现象，贵族统治集团将权力授给了君主，君主在专制体制下就有权对个别违反游戏规则的贵族给予惩罚。所以在君主专制体制下，原本就是家天下，朕即国家，是那时的原则，所以那时的皇亲国戚反而不敢过分乱来。皇族干政的问题在清代前中期并不严重，皇权中心基本上能够把握住大局，能够平衡各方面的利益。

清代皇权中心发生偏移，或者说皇族开始成为一股政治势力，大约是从恭亲王开始的。恭亲王与他的嫂子慈禧太后于1860年通过并不太合法的途径获取清政府的实际权力，大清国的权力表面上归属于同治帝，表面上由慈禧皇太后和慈安皇太后联合"垂帘听政"，其实大清国的实际权力是由恭亲王掌握的。这多少有点名不正言不顺，因而不论是皇室中的两宫皇太后，还是实际权力拥有者恭亲王，对于皇族中出任政治职务只能睁只眼闭只眼，尽量不冲突。结果就是自1860年至1890年年初光绪帝亲政那长达三十年的时间里，许多王爷如礼亲王世铎、庆亲王奕劻等不再安分于那些尊崇的地位和俸禄，反而像恭亲王一样辛辛苦苦进入实际政治，由王爷而大臣而军机而首席军机的情形越来越严重。等而下之，如庆亲王长子载振先后担任商部、农工商部尚书，镇国公载泽先后担任出使各国考察宪政大臣、度支部尚书；肃亲王善耆相继担任崇文门税监、步军统领、民政部尚书等。他们虽然在晚清政治发展中有过许多正面影响乃至贡献，但皇室宗亲出任政府要员实际上对皇室必定具有相当伤害。像贝勒载振1907年在天津惹出杨翠喜案，绝不是一般的名士风流，这种事对皇室的伤害绝不应低估。

由王爷这类食利者阶层出任政务官，使清代末期的政治权力严重的二元分立，形成典型的"双轨体制"，中央各部院几乎清一色的满汉双轨首长负责制，满大臣负责政治，汉大臣负责政务，这对于清政府政治正确，对于清政府政令的上通下达固然有好处，但正像任何事情都具有两面性一样，满洲贵族普遍性地介入实际政治，而实际能力又一般性地较汉大臣为弱，一般都是因为出身而不是因为科举，这势必使清代前中期逐渐消弭的满汉冲突到清末反而加剧。康有为、谭嗣同等人在戊戌时期都意识到，满汉之间的冲突虽说不是当时中国的主要矛盾，但对维新运动来说，却是一个失败的种子。当光绪帝因能力而提升谭嗣同、林旭、刘光第、杨锐四小军机帮忙时，那些大小王爷所表现的"羡慕忌妒恨"真的是前所未有。好在光绪帝是一个比较强势的君主，好在有富有政治经验和手腕的慈禧皇太后在背后撑腰，皇权中心在光绪帝亲政之后逐渐恢复，满洲贵族中虽然有一些人出任政府要职，但并没有对清政府政治构成实质性伤害。

政治变革急先锋

当政治权力中心即皇权强固时，皇族这个铁哥们似的利益集团自然是皇室的屏障，拱卫着皇室，为这个王朝长治久安共同努力。我们看到，自戊戌变法至辛丑新政，再到1906年预备立宪，在这十年政治史上，皇族其实一直充当着政治变革急先锋角色，并不总是站在政治变革对立面。

在家天下政治架构中，真正对国家大事给予关心的，一定是利益相关者，或者说利益相关者一定要比利益关联不大或者根本没有关系的人更关心。等到1904年之后，当中国政治发展又在一个十字路口徘徊时，皇族中一大批有眼光有作为的年轻一代，应该说还是比较积极地站在政治变革的前列，这一大批满洲贵族王公大臣很快成为君主立宪的推动者。

根据比较可信的记载，日俄战争的进程远出朝廷的预料，日本的胜利和俄国的惨败使朝廷陷入空前尴尬，中国向何处去只有一条路，那就是像日本一样将君主专制改为君主立宪。最先发现这条路的很难说是哪一个人，但真正将这条路说明白并让朝廷认可的，其实就是那些皇族出身的政治新秀。

1904年8月2日，慈禧太后密令各省督抚探讨究竟怎样处理东三省问题，在听取一些要员汇报并看过张謇刻印的《日本宪法》后，慈禧太后似乎比较倾向于学习日本进行变革。她的这个想法在最初阶段或许很朦胧很不自觉，但这一点无疑被那些王公大臣迅速捕捉到，经过一番讨论和筹备，终于形成一个委派王公大臣分赴东西洋各国考求一切政治，以期择善而从的政治决定。这就是五大臣出洋考察宪政的由来。

出洋考察新政的五大臣中，出身于皇族或满洲贵族的有镇国公载泽及端方和绍英，后因吴樾的袭击有所调整，撤销了受伤过重的绍英，改派山东布政使尚其亨和顺天府丞李盛铎会同载泽、戴鸿慈、端方前往各国考察政治。

五大臣考察对晚清政治变革作用巨大，他们不再将立宪看成是一件多么可怕的事情。在他们的影响下，光绪帝和慈禧太后的思想也有很大改变，他们确实意识到东西洋各国之所以在过去若干年超越中国而前进，日趋强盛，其根本原因根本动力只有一个，那就是他们普遍采用了立宪政体；而中国之所以在过去若干年一败再败，日趋衰落，任人欺凌，主要的或者说唯一的原因就是中国依然固守专制政体。所以他们的结论只有一个，那就是，在目前"霸国主义时代"，中国要想生存，要想发展，要想富国强兵，除了与世界同步，采用立宪政体外，别无他途他术。

君宪了，皇族应该干什么

皇族和满洲贵族在晚清立宪运动中确实是一支不容忽视的政治力量，他们在改革的细节上或许会有自己不一样的考虑，但在大节上应该说都是为了大清国的未来，这一点并不必过分夸大他们与汉大臣之间的政策分歧。

比如在1906年讨论军机处的存废时，汉大臣袁世凯等人力主废除军机处，建立一个真正意义的责任内阁，然后由这个内阁去组织国会选举，成立真正的国会。由此方能构建一个真正的宪政国家，方才保证君主立宪不是走过场。

对于袁世凯的这些主张，后来的讨论者大多表示认同，以为以载沣为代表的皇室、皇族成员执意反对，可能就是不改革，是守旧。这个看法可能还有进一步讨论的空间，因为我们知道恭亲王活着的时候，军机处存废就是个敏感的政治问题，碰不得。所以这一次，慈禧太后依然绕道走，以"军机处不议"将双方争执暂时放弃，但过了几年之后回望，随着预备立宪进程，当责任内阁宣布后，原本争议很大的军机处竟然在不知不觉中被化解到了责任内阁。这大约就是政治改革中的水到渠成自然而然。

皇族在晚清政治变革中的贡献大体上说是积极的，如果没有他们的认同，没有他们的大力推动，晚清政治改革进程所面临的阻力不可想象不可思议。问题在于，改革进入一定阶段，比如说当国家真正进入君主立宪状态时，皇族究竟应该做什么怎么做？

正如历史上无数政治改革所表现的一样，改革的推动者、主持者最后应该是随着改革的完成而凤凰涅槃浴火重生，而不是随着改革的完成继续垄断着权力，霸占着特权。当政治改革进入责任内阁发布时，尽管清政府一再宣布相伴而行的是解除了历史上存在着的满汉不平等，但作为改革的推动者，皇族即那些爱新觉罗家族的同盟者，都应该在这新旧交替之际主动避嫌，主动放弃对政治权力的垄断。换言之，皇族内阁的出台引起各方面反对，假如当时皇族知道妥协，知道退让，知道从国家大局去考虑，在十三个内阁成员中不是占九名而是占四名，满汉大臣的比例置换一下，相信即便有人从中挑拨，估计立宪党人也闹不起来。

皇族并不是不知道参与现实政治的危害性，庆亲王在获得总理大臣的任命后就很快提出辞呈，请求朝廷收回成命，另请高人。在被摄政王挽留后，庆亲王于第三天再交辞呈，明确表示第一届内阁太偏重于皇族，有碍观瞻，与立宪体制不合。假如摄政王此时借坡下驴，改组内阁，免掉几个皇族，任命几个庶族，估计一切都不会发生。

在立宪政体下，人人当然都有从政的自由和权利，只是在君主立宪政体下，皇族出身的人依然享有皇权带来的许多好处和优先，这些人介入实际政治或许会给现实政治带来许多意想不到的好处，但更多的时候则会给皇室带来无穷无尽的负面影响。所以东西各立宪国家从来都对皇室成员采取厚养的办法，由国家拿出相当的钱财让他们过着体面尊严的生活，成为国家的名片，从事一些善事，而不让他们介入实际的政治活动，更不会让他们出任政府要职。

爱新觉罗·奕劻（1838—1917），晚清宗室重臣，清朝首任内阁总理大臣。同治十一年（1872），加郡王衔，任御前大臣。光绪二十年（1894），被慈禧封为庆亲王。

一本书与中日师生易位

在纪念甲午战争两个甲子的时候，我们对中国在那场战争中的惨败充满惋惜，一个古老文明为什么不敌一个新生小国？

一百多年来研究者提出许多看法，其中一个重要看法，就是中国在那"三千年未有之巨变"的时代固步自封，自以为是，而日本则潜心好学，顺势变革。中国不是没有人看到问题关键，只是统治者不思进取，不知世界大势，依然陶醉在自己编织的"盛世"神话中。结果，不到半个世纪，中日师生易位：先前的学生成为老师，先前的老师变成了学生。在这个过程中，魏源的《海国图志》扮演着非常奇妙的角色。

《海国图志》的原本为林则徐主持编辑的《四洲志》，而《四洲志》来源于英国人慕瑞编著的《世界地理大全》。1840年，道光帝慑于英国人的威胁牺牲林则徐，放弃武力抵抗，任命琦善接替林则徐议和。

林则徐是近代中国"睁眼看世界"第一人，但历史没有留给他足够时间。1841年6月，承担战争失败责任的林则徐前往流放地新疆，当他路过现在的镇江（京口）时，正在此地的老朋友魏源尽地主之谊，热情款待，"与君宵对榻，三度雨翻苹"（《魏源集》，第781页），朝夕相谈，交换看法。

林则徐预感自己可能没有机会继续编写《四洲志》了，遂将书稿交给魏源，希望魏源在此基础上编写一部合乎中国人需求的世界概览。魏源没有辜负老友的期待，在此后一年时间里，魏源以林则徐《四洲志》为基础，广搜新旧资料，成《海国图志》五十卷，1843年初版于扬州。此后数年，魏源再接再厉，在地理学家邹汉勋、汪士铎等人协助下，1847年增补为六十卷本。1851年扩充为一百卷本。1856年，魏源去世，一百卷本遂成为《海国图志》定本。

《海国图志》根据那个时代所能获得的资料，详细记述了世界各国历史、地理、制度、文化习俗，是近代中国一部最伟大的著作。梁启超在《清代学术概论》中盛赞这是中国人研治"域外地理学"的开山之作，意义重大。

在《海国图志》中，魏源不仅依据丰富的资料向中国人详细介绍了世界各国，而且提出许多伟大的见解，一再叮嘱中国人要重建宽广胸怀，不要将域外文明视为洪水猛兽。东西文明尽管可能有这样那样的问题，但必须承认，这些不同文明均有中国文明所不具备的优点。中国人应该潜下心来，记住先贤教诲，一事不知以为耻。魏源指出，即便从复仇观点看，中国要想打败英国，复仇雪耻，也必须向人家学习，必须"师夷之长技"。

魏源"师夷之长技以制夷"的思想具有相当历史局限性，这个口号将一个正常的文明交流转换为"文明冲突"。不过在"天朝上国"迷思仍未被打破的近代早期，"师夷之长技以制夷"

应该是一个比较可行的权宜之计。

尽管魏源的主张如此温和，这一主张在那个时代并没有在中国获得应有回响。那时的中国人并不认为中国在鸦片战争中的失败具有必然性，更不知道此次东来的西洋文明与中国文明的本质区别。一个古老、精致的农业文明怎样面对工业文明、商业文明，那时中国人似乎根本没有想过。

魏源在这部书中建议中国人应该正视西方工业文明的挑战，应该尽快发展自己的工业、商业、航运业、金融业。中国不仅应该大度接纳西方人来华贸易，而且应该"互市"，要求西方也要向中国资本开放市场。将工业文明、商业文明的种子，渐渐嫁接至中国农业文明老树上。更有甚者，魏源在这本书中，还刻意介绍了英美等国民主制度，英美联邦制、选举制、分权制衡的司法制度，"以变古今官家之局，人心翕然，选官举能，可谓不公乎，可谓不周乎。"（《海国图志后序》），实在值得中国人注意借鉴。

《海国图志》意识到了历史大转折，意识到了中国无法固守单一的农业文明，中国应该增强"海国"意识，应该与世界互动，双向开放。

一百多年后重读《海国图志》，我们依然能感觉到一个敏锐的知识人对世界大势的清晰判断，中国如果沿着这样的路径走下去，在鸦片战争后发奋改革，中国应该很快可以步趋西方，与世界一致。然而，"天朝上国"的惰性太强大了，失败很快成为过去，刚刚醒来的雄狮打个哈欠又睡着了。中国辜负了林则徐、魏源的一片苦心。"书成，魏子殁，廿余载，事局如故"（左宗棠：《海国图志序》）。

中国是一个崇尚工具理性的国度，坚信实践是检验真理的标准，没有实践的检验，许多道理在很多人看来就不一定具有真理意义，因而近代中国的每次大进步，几乎都伴随着失败，总是"失败实践"后的觉醒。失败得越惨烈，进步就越大。

《海国图志》在自己的国家没有赢得应有尊重，没有转化为变革的力量，根据魏源好友姚莹分析，这主要是因为《海国图志》"犯诸公之忌"（姚莹：《与余小波言西事书》，《东溟文后集》卷八），谈论了不该谈论的事，从而使中国错失至少二十年机遇。（蒋廷黻：《中国近代史》）

与中国的情形很不同，1851年一个偶然机会让《海国图志》传到了日本。此时的日本还处在锁国状态，但魏源这部书却让日本人如获至宝，在此后五年间，《海国图志》的日文版本竟然又出了二十几个，深刻启发了日本人的近代意识。

江户晚期思想家佐久间象山在阅读了《海国图志》后，格外佩服魏源"师夷之长技以制夷"的主张，以为应该像魏源那样以全新世界格局重新规划日本方略。在许多人仍将西方文明视为"奇技淫巧"之"邪教"的时候，佐久间象山由魏源启示开始了对世界及日本前途的重新思考。

《海国图志》传到日本的第三年（1853年），美国海军准将佩里率领"黑船舰队"抵达江户湾叩关，与英国人1793年、1816年、1838年三次来华具有类似性质，但日本人或许是基于十几年前鸦片战争的教训，或许是《海国图志》已将世界经济必将交流的意义说得很明白，或许是因为日本人已有与欧洲人（荷兰人）打交道的经验。

总而言之，日本并没有像中国那样先诉诸于兵，再诉诸于礼，打败之后画押通商，而是直接通过谈判，达成了妥协。日本既没有像中国那样长时期沉浸在失败阴影中，也没有单纯地成为西方工业品的倾销地。日本很快建立了自己的工业、商业基础，用不太长的时间实现了在远东建立一个西方式国家的梦想。日本学者井上靖说，幕府晚期之所以能发生"开国主义"思想，其契机主要是因为那时的日本知识人普遍阅读过传来不久的《海国图志》。

　　我们当然不能说日本在甲午战争中打败中国完全得益于《海国图志》，就像中国在这场战争中失败不能归罪于任何单一原因一样。但是，我们似乎可以说，《海国图志》在中、日两国截然不同的遭遇，不仅让中日师生易位，而且折射了这两个东亚国家胜败中的深层因素。

　　载洵 (1886—1949)，醇亲王奕𝓁第六子，光绪帝弟。1889 年晋辅国公，次年又晋镇国公。1902 年袭贝勒，1908 年加郡王衔。

皇族内阁错在哪儿

辛亥革命虽然说是对一百多年前法国大革命的回应，是要终结皇权，重建民权，但就这场革命具体情形说，显然具有偶发性，并不是历史因果链条中的必然。导致这个偶发事件的是两件事：第一件是清政府不慎将责任内阁办成了皇族内阁、亲贵内阁；第二件是这个皇族内阁发布的第一号文件，竟然是将铁路干线收归国有，由此将清政府先前十多年苦心经营的政治经济改革全盘颠覆，甚至连带着将清政府送进了历史。

清政府对立宪的让步

责任内阁是君主立宪国家的必然选择。所谓君主立宪，其实就是用宪法去约束君主的权力，将管理国家日常事务的权力交给内阁；君主在许多时候不再处于权力要冲，不再成为各种政治势力觊觎的焦点。

清政府在 1906 年宣布预备立宪的时候，对此已有足够政治考量。后来颁布《钦定宪法大纲》，宣布立宪日程，成立责任内阁始终是立宪预备中的应有之义，并没有什么人对此产生怀疑。这一点在朝野之间早就达成了共识，并不存在障碍。

朝野之间的分歧主要是时间，即何时召开国会，何时发表第一届责任内阁的名单。

从朝廷的立场说，他们希望按照预备立宪清单一步一步去实现；而政治情绪被调动起来的民众，由于外交危机一再刺激，总希望朝廷根据变化的情形调整方案，尽早召集国会，成立责任内阁。那几年一波又一波的国会请愿运动，其主旨就是这样几件事。

对于民间呼吁，朝廷其实一直给予善意回应，并未断然拒绝民众呼声。但要立即召开国会宣布责任内阁，还是觉得太过草率，毕竟这关涉国家管理体制的大变化，丝毫马虎不得。朝廷的态度是一种可以理解的谨慎，但是民间对此并不领情。1910 年 8 月，各省请愿国会代表作出决议，宣称国会不开，各省均将倡导"不纳税主义"，要求各省咨议局在国会召开之前，不得承认新租税。这就将民主政治中的程序性冲突转化为一种政治对抗了。

更为蹊跷的是，这种政治性对抗并不仅仅表现在朝野之间，并不只是朝廷与人民之间的分歧，而是随着立宪政治的发展，呈现出中央与地方之间越来越严重的权力冲突。地方督抚逐渐站在了民众尤其是立宪党人一边，俨然成为朝廷的对立面，这对朝廷后来的决策发生了至关重要的影响。

1910 年 9 月 30 日，广西巡抚张鸣岐向朝廷上了一个奏折，以为筹备宪政当从本源入手，而这个本源其实就是责任内阁，就是国会，就是司法独立。至于人们经常谈论朝廷一直重视的所谓教育、巡警、自治等，则为普通行政的范围，不论立宪以前，还是立宪之后，均应该视民力而次序推进，即便将来实现了君宪主义，这些普通行政的改革依然不会就此结束。

张鸣岐的说法当然是有道理的，所以当中央临时议会资政院开会后，各省立宪党人又开始向北京聚集。他们发起声势更为浩大的第三次国会请愿运动，强烈要求摄政王当机立断，即日请旨，速开国会。

对于地方督抚和各地立宪党人的呼吁，朝廷给予积极回应，于 1910 年 11 月 4 日宣布，将九年预备立宪期限缩短为五年，并先期组织责任内阁。应该说朝廷的让步还是比较大的。

政治变动的恶性互动

然而，朝廷的让步意味着先前"有计划的政治"可以随时调整，也就开启了政治变动的恶性互动。朝廷从九年变五年的巨大让步不仅没有满足立宪党人的要求，反而引导他们去想：既然可以从九年变成五年，为什么不能立即实行呢？

1910 年 11 月 9 日，山东巡抚孙宝琦代递在籍绅士的呈请，呼吁朝廷速开国会。12 月 9 日，东三省总督锡良将奉省绅民的一个呼吁转报朝廷，强调即开国会设内阁是大局扭转的关键，是防止东三省版图沦为异域的唯一办法。

孙宝琦、锡良等大员的建议并没有使朝廷改变主意，但朝廷先前对立宪期限的调整无疑激励人们有理由期待奇迹，相信朝廷最终不会漠视人民的要求。于是各地绅民乃至学生要求朝廷速开国会设内阁的呼声一浪高过一浪，各种各样的请愿运动也是风起云涌。

当时的中国政治形成了一个很奇怪的景观，地方督抚和资政院、咨议局大致与民众站在一起要求加快政治改革，只有朝廷在孤零零地坚守着宣统五年才能实行立宪的"有计划政治"。清政府的坚守并不是不动，而是按照既定日程往前走。1911 年 1

月17日，宪政编查馆根据朝廷指示编制了一个修正后筹备立宪逐年清单，对此后两年需要筹备事宜都有目标明确的规定。28日，朝廷公布宣统三年预算案。这是中国几千年历史上第一次将政府收入和支出向社会公布。从这里不难体会清政府立宪的诚意。

清政府的诚意赢得了各方面善意回应，此后几个月国内形势大致风平浪静，即便春天在广州发生了一场极为激烈的黄花岗起义，但丝毫没有影响清政府立宪的决心。国内各界相对平静，也没有多少集会、游行或请愿。大家静待朝廷按部就班落实立宪步骤，想想看现在已经是宣统三年了，即便是宣统五年步入立宪，不就还有两年时间吗？两千年都这样过去了，为什么这两年不能等？

中国在静静的等待中度过了半年时间。5月8日，清政府根据立宪日程，颁布内阁章程及官制，裁撤旧有内阁、军机处及会议政务处，按照君主立宪原则筹组新的中央权力中枢即新内阁。新内阁设总理大臣一人，内阁协理大臣两人。下设十个部，每个部不再像过去那样设立满大臣、汉大臣，而是各部只设一个大臣，不分满汉，族群出身不再成为选拔大臣的标准。这不仅在客观上消除了满汉族群分歧，不动声色地废除了被人诟病的"满汉双轨体制"，而且大幅度降低了政府职数，有助于减轻纳税人的负担。

新内阁的政治架构和部院设置，应该说改革力度不小，先前数年各界批评意见都在一定程度获得了吸收和采纳。这个新内阁不论其权限还是设置，其实就是立宪政体下的责任内阁，内阁总理大臣就是国务大臣之领袖，秉承宸谟，定政治方针，保持行政统一。

按理说，新内阁成立了，而且是按照调整后的立宪步骤成立了发布了，各方面应该满意了安心了，应该相信朝廷会按照既定计划走下去了。然而谁也想不到的是，原本趋于平静的中国却被这个内阁名单给掀翻了，历史从此转弯了。

皇族内阁暴露真面目

各界的不满乃至愤怒不是指向内阁的政治架构，而是内阁名单。十大部院加上总理大臣、协理大臣共计十三人，竟然有皇族出身的六人、宗室一人、满洲贵族二人，留给汉人的名额只有四人。如此算来，汉大臣不是增加了分量，而是大幅度减少了，因为按照改革前满汉双首长政治架构，十大部院就应该有十个汉大臣，在全部名额中应该占 50% 或稍弱。

清政府发布的这个亲贵内阁名单引起了立宪党人极端愤怒，咨议局联合会很快向都察院提交了一份抗议书，明白表示皇族内阁与君主立宪政体有不能相容的性质，要求朝廷迅速改正，尽快于皇族之外选派大臣重组责任内阁。

皇族成员不宜担任内阁成员尤其是首席，大约在皇族内部也有争议。皇族内阁名单宣布后，内阁总理大臣庆亲王奕劻率协理大臣徐世昌、那桐两次请辞，这或许是他们意识到了什么，但他们并没有从制度建构层面进行反省。现在咨议局联合会从制度层面提出反对，这就为立宪党人提供了一个反对的充足理由。

5 月 14 日，山东巡抚孙宝琦向朝廷提交了一份奏折，强调宗支不宜参与内阁。到了 6 月下旬和 7 月初，直隶、奉天、吉林、黑龙江、江苏、安徽、山东、山西、河南、陕西、福建、浙江、江西、湖北、湖南、四川、广西、贵州、云南等省咨议局议长及议员四十多人一再联名或单独向朝廷请愿，一再重申"君主不担负责任，皇族不组织内阁"为君主立宪唯一原则，请求朝廷尽快取消这个皇族内阁，于皇族外选派大臣另行组建责任内阁。

对于各界要求，朝廷这一次似乎不准备让步了，先是严肃训斥孙宝琦的建议太过荒唐，紧接着发布一个上谕，对《钦定宪法大纲》给予重新解释，以为即便实行了君主立宪，黜陟百司的权力仍然归属于君主，议员不得干预，以为这才是君主立宪的本旨。

朝廷的强硬姿态彻底断了立宪党人的念想，使他们突然醒悟可能还是孙中山等革命党人说得对，清政府过去十年可能一直就是假立宪假改革，在涉及政治权利根本时，清政府终于露出了不愿分享的真面目。被欺骗的感觉一旦醒悟，立宪党人立马与清政府分手。清政府终于用自己的手，将最重要的盟友推给了革命党，陷入低谷的革命运动立马获得了新动力，两百多年的清帝国就这样走向自己的终点。

百年之后回望皇族内阁这件事，究竟错在哪里呢？按照清政府的考虑和辩解，既然是第一届，就有第二、第三届，第一届有问题，为什么不能等到第二届予以更正呢？还有，君主立宪使所有人一律平等享有参政的权利，大家都说皇族也就是那时的高干子弟不得入阁，为什么他们不能享有平等的政治权利呢？更何况，这几个入阁的皇族成员高干子弟，也并不是五谷不分的草包饭桶，大家为什么这样嫉恨呢？

这些辩解都有理由的，但是清政府忘了，皇族优先享有政治权利，其实是对平民，对立宪党人政治权利的剥夺，君主立宪就是要约束君主的权力，现在弄了一大帮皇族组成政府，君宪还有什么意义呢？

资政院：中国式悲剧

晚清洋务新政之所以能够在不太长的时间里获得很大成绩，恢复了国力，重建了辉煌，主要是因为清政府采纳了行政主导的一权独大，有效调动了国家资源。然而经过甲午一战，行政一权独大的弊病尽显，于是此后十多年晚清政治改革，如果用一句话概括，就是怎样建立一个君主主导下的权力分享和制衡的合理体制。

非常态过渡机构

甲午战争前，一些聪明的政治家和知识人就知道西方富强的根本并不是坚船利炮。坚船利炮只是西方富强的一个标志，富强的根本在其政治架构，在其权力的分享与制衡。不论是君主制，还是民主制，一权独大总不是好事。议会一权独大容易形成议会专制，影响行政效率；但如果行政权独大，拥有绝对的权力，就容易导致腐败，导致决策特别是中长期决策失误。所以在甲午战争后不久，分权制衡的思想在朝野各界自然萌生，至 1898 年又经胶州湾事件的刺激蔚然成为一股巨大潮流。

对于君主主导或领导下的权力分享，清政府或许真的没有作好心理准备，所以面对各方面呼吁，恭亲王在最后的政治交代中竟然是告诫光绪帝和慈禧太后：不要听信那个广东举人（指康有为）的话，那个人的邪恶用心就是废我军机，谋我大清。于是那场以重建政治架构为诉求的维新运动草草收场，权力分享与制衡的体制依然无望。

又过了六七年，至日俄战争结束，立宪的"小日本"战胜未立宪的"大俄国"，极大震动了"我大清"。见贤思齐，朝野上下很快就重建政治架构达成共识，君主立宪呼之欲出。1906年9月，朝廷宣布启动预备立宪进程，其目标就是仿照日本明治维新构建君主立宪体制。所谓君主立宪，其实就是在君主之下组建一个相互制衡的权力分享机制，不再让行政权独大。按照当时的设计，分享这个权力的就是重建的一个立法机构。

专门的立法机构在中国历史上不曾出现过。在改革刚刚起步时，清政府还是很谨慎地分成两步走：第一步先建立一个准议会机构资政院，经过几年实践，积累一定经验后，正式组建民选国会，成为君主立宪政治架构中的一个重要机关。1907年9月20日，慈禧太后发布懿旨，以为立宪政体取决于公论，上下议院实为行政之本。然而碍于国情，中国上下议院一时无法成立，亟宜筹设资政院以为立议院基础。

根据懿旨，资政院就是从君主专制向君主立宪政治体制过渡的中间形态，它具有议会的性质与功能，但又不是完全议会，依然会受到某种行政权力的约束。从设立资政院的本意说，这个稳妥的态度当然是可取的，但这种不上不下不伦不类的"准议会"在实践中却弄得上下不讨好，左右都抱怨，即便是最期待议会政治的立宪党人，到了后来也以为这样的资政院非废除不可。

立法与行政的冲突

由于资政院从一开始就定位为过渡形态，因而也就埋下了失败的种子。清政府不是按照君主主导下三权分立的原则重构中央权力系统，而是因陋就简，改先前存在的督办政务处为资政院，功能定位为博采群言，这与真正意义上的议会相差太远。

至于资政院人员构成，清政府依然沿袭"双轨制"，资政院创院总裁由清宗室溥伦与汉大臣孙家鼐出任。至于议员，也分成两拨，一拨钦选，一拨民选，各一百人。所谓钦选，当然不是由皇帝一人说了算，而是由朝廷即满洲贵族统治集团圈定，这其中又细分为宗室、外藩王公、硕学通儒、纳税大户，以及中央各部院行政长官转任；至于民选部分，指定由各省咨议局选出。由于新疆咨议局尚未开办，故新疆应选的两个名额阙如，由各省咨议局选举并经各省督抚推荐上来的民选议员共计九十八人，据此，钦选议员也取对等原则，减少了两人。两者相加，资政院创院时的议员总数为一百九十六人，另外还要加上两个总裁和一个秘书长。

经过认真筹备，创院总裁溥伦和孙家鼐于 1908 年 7 月 8 日向朝廷奏报资政院院章草案，资政院构成及功能定位方才敲定。7 月 22 日，清政府颁布《各省咨议局章程》和《咨议局议员选举章程》，这为资政院议员选举迈出了关键一步，这也是中国历史上从来没有发生过的事情。又过了一个月，8 月

27 日即农历八月初一日，清政府颁布《钦定宪法大纲》，同时宣布立宪筹备清单，细列每年需要筹办的各项事情，明定九年后召开国会，进入君主立宪新时代。九年后也就是 1917 年，也就是后来袁世凯帝制复辟失败的第二年。

遗憾的是，这些宣布不到三个月，英明的光绪帝于 11 月 14 日不幸驾崩。奇怪的是，不到二十四小时，慈禧太后也随大行皇帝而去。中国政治走向由此发生巨大改变。

两宫去世前，安排光绪帝的弟弟载沣和他的嫂子即光绪帝的未亡人隆裕皇太后接班，载沣的儿子也就是光绪帝的侄子溥仪继承大位。从血缘及各方面条件说，这是一个理想组合，只是与光绪帝—慈禧太后的组合比起来，载沣—隆裕皇太后的这个组合稍显弱势，缺少威权、决断与果敢。

摄政王的弱势为后来的政治变故埋下了伏笔。仅就资政院来说，假如在慈禧太后和光绪帝的强势领导下，资政院的过渡形态会得到扶持，会使资政院逐步过渡为君主领导下的三极之一。现在不同了，弱势领导层无法遏制行政权独大，内阁总理大臣庆亲王为军机首席，位高权重一言九鼎，资政院只是行政权的一个陪衬，充其量不过一个表决工具、举手工具，一个为行政背书的橡皮图章而已。

在光绪时代，立宪党人对资政院充满憧憬，原本指望通过资政院分享权力，从议政到参政，就像东洋立宪各国一样，职业政治家应该源自议会，而不是相反。现在一切好像都变了味，这不能不引起资政院的反弹，不能不引起行政与立法间的冲突。

资政院总裁孙家鼐是晚清政治史上的明白人，甲午战争前倡言衅不可启，力主妥协；甲午战争后，倡导改革，主持官书局，创办大学堂。至于溥伦，更是晚清王爷中一个具有海外经历的人物，1904年率清国代表团出席在美国举行的世界博览会，对于中美外交起到了相当重要的作用，回国后受到朝廷重用。由这样两个身份特殊、能力不错的人主持资政院，又有那么一大批敢做敢言的民选议员作后盾，行政与立法的冲突在所难免。资政院欲学东西洋立宪各国监督遏制行政权，不愿将资政院沦为行政附庸，有名无实；行政中枢为了效率，遵从习惯根本无法接受这种监督，更不要说遏制了。

在过去两千年历史上，行政权由皇帝授权，只受皇帝约束，从来没有被皇帝之外的第三者监督与遏制。还有一点值得观察的是，行政中枢主导者庆亲王为军机大臣，且年长溥伦三十岁，经验丰富、人脉充沛，摄政王在很多时候也要礼让三分，何况溥伦？所以当时如果将他们两人的位置予以对换，让庆亲王出任资政院总裁，由溥伦出任内阁总理大臣，这对于重构一个良性的分权体制或许有好处也有可能，即便一度形成资政院专制，也势必有助于一个良性的分权体制的形成。

溥伦与庆亲王的分量太不对称了，而年轻气盛的溥伦又总是仗着议员们的支持，处处与行政为难，执意与行政过不去。资政院开院后第一次常会，他们就发起一个军机大臣弹劾案，公开表达资政院对军机处的不信任。在讨论政府预算时，议员们更是像模像样，非常专业地挑剔财政收入与支出的毛病。这一系列行动让行政中枢情何以堪？

行政中枢的尴尬与恼怒是自然的，而资政院穷追猛打，要求军机大臣特别是首席庆亲王到院接受质询，给予说明。庆亲王等人何曾见过这等事情，他们何曾想到创设资政院的目的就是监督自己为难自己，就是消耗行政效率，就是每天吵嘴？

沦为鸡肋

清政府创设资政院以为君主立宪的过渡形态是真诚的，只是由于强势朝廷不再，没有办法平衡过渡期行政与立法的冲突，行政权独大无法解决，资政院也就成了一块鸡肋：食之无味，弃之可惜。

资政院的功能效果不如设想的美好，然而两宫去世后内外环境的变化又迫切需要中国有个议会机构予以对应。1908年之后，日本、俄国等加大对东三省的觊觎蚕食，由此外交危机，立宪党人干脆下决心抛弃资政院这块鸡肋，呼吁朝廷修改九年预备立宪规划，尽早召集正式国会。

立宪党人认为，在正式国会构架中，不存在钦选与民选的差异，各议员一律竞选上来，他们对政治的责任心一定不一样。即便正式国会还有宗室、王公大臣出身的人，但由于他们也要经过选民的考验，他们的看法也一定会更合乎民情民意，有助于国家发展。在立宪党人看来，先前的九年共识太长了，已经长到无法容忍的地步。在这个过渡期，由于资政院不是完全的民意机构，无法代表民意，无力监督政府。中国如果执意不走上君主立宪道路就算了，要想走上这条路，就必须提前召集正式国会，最大限度集中国民智慧。

立宪党人的思路是对的，只是他们把话说得太直白，这种说法不就是要求分权吗，不就是希望用和平手段攫取大清的江山吗？朝廷内的反对派由此认定这些立宪党人连孙文那些革命党人还不如，人家革命党要夺取大清江山，还舍得牺牲性命，真刀真枪地干，这些立宪党人凭着一张嘴皮子就想谋"我大清"，是可忍孰不可忍！

从历史主义的观点看，这些猜疑无疑是错的。君宪主义者期望召集正式国会，只是期望用真正的民意机关去约束政府，限制行政权独大，并没有妨碍君主的任何主观意图。当然，在立宪党人的政治理念中，他们或许对君主与皇族有明显的区隔，他们愿意接受一个开明的君主，不愿接受一个贵族统治集团的整体专政。所以当忧心忡忡的朝廷推出一个皇族内阁以反制立宪党人的"不轨"时，立宪党人很快觉醒，承认跪着请求变革是一个不可能完成的历史使命。

谁要了光绪的命

1908 年 11 月，光绪帝和慈禧太后在二十四小时之内相继去世，这一谁也没有提前预料的突发事件改变了中国历史的进程，引发此后一系列重大政治变故。

光绪帝和慈禧太后在那么短的时间里相继去世，大概称得上世纪之谜乃至千古之谜。到目前为止的几乎所有研究者都不相信清政府的官方记载，而是相信传言，推测光绪帝的死亡乃为慈禧太后的迫害甚至是直接加害。最近几年，随着国家清史编纂工程的介入，运用高科技检测光绪帝遗物，慈禧太后毒死光绪帝的说法似乎将要成为盖棺之论。

其实，这所有的猜测和论证都带有阶级斗争年代的深刻印痕，带有清政府政治反对派尤其是慈禧太后政治上的反对者肆意编造的印痕，清政府的官方文书没有这方面的丝毫记录，当年能够真正接近权力中枢的大臣们也没有人对光绪之死表示过怀疑。最早怀疑光绪之死可能包含着某种阴谋的是康有为，他在光绪帝去世的同一天就致电美国总统罗斯福，指责袁世凯谋害光绪帝，变换君主，扰乱中国，请求美国政府联络各国，对于清政府的权力变动不予承认。

康有为此时人在美洲，而且又在光绪帝去世同一天作出如此判断，这显然是一个大胆猜测，并没有充分足够的证据，并不知道事情真相。康有为之所以将矛头指向袁世凯，显然是因为他没有忘记袁世凯在 1898 年的作为，也就是所谓袁世凯告密，导致慈禧太后发动政变，囚禁光绪帝等。这个说法现在已经基本上被推翻，不过康有为本身似乎一直坚信不疑。所以，康有为对袁世凯和慈禧太后的指责，很难说是为了弄清事情真相，还是为了现实的斗争，为了他们这些保皇党人在国外继续从事政治活动的合法性。

当然，当年怀疑光绪帝之死与慈禧太后有关联的也不止康有为，在北京的官场和民间似乎也流传着各种各样的传闻，因为在君主专制体制下，宫中的消息并不及时向外界发布，一般民众往往只知道结果，而不知道原因，不知道背景，更不知道其中的曲折与阴谋，于是往往凭借自己的想象力去揣猜去建构，更何况光绪帝和慈禧太后在前后不到二十四小时之内相继去世，更何况多年来人们都已经相信皇太后与皇上之间不是一般的不和谐，而是不共戴天视若仇雠。天下事没有如此之巧者，人们揣猜议论并不意味着一般民众对政治多么关心对皇上多么同情，而实在是茶余饭后难得的消遣难得的谈资。

民间的传言和议论当然不能代表历史真实，而历史真实只有当事者或政府当局知道，作为一个享有主权的政府，我们不必怀疑清政府在道德上的起码诚信，不必怀疑清政府内部真的有人敢对当今皇上动手脚大逆不道，因为在皇权中心皇权至上的历史背景下，皇帝的权力大于一切，我们稍微留意清代正史，就能发现光绪帝即便到了生命的最后时刻，也没有放弃自己的权力，依然以自己的名义发布谕旨发布命令，故宫中保存的医案更清楚地说明光绪帝甚至在自己疾病的治疗上用药上，也几乎是自己说了算，自己的意见远远大于远远超越于那些宫廷御医的专家意见。所以当这些带有诋毁性质的传言在国内外广泛流行时，清政府毫不客气地下令民政部、步军统领衙门及各省督抚悬赏缉拿那些造谣生事试图以此煽动动乱的人。这种种迹象表明，清政府不可能在国内外如此密切关注的重大问题上做手脚留把柄，更不可能给那些政治上的反对者留下攻击的口实和证据。

至于慈禧太后与光绪帝之间的真实关系，时过百年重新检讨，只要我们站在一个比较平和的立场上，就应该能够理解过去那些所谓皇太后与皇上不共戴天、视若仇雠的说法，可能也非历史真实，而是政治反对派的肆意攻击和诋毁。在某种程度上，历史的真实或许与这些传言相反，他们的关系不是一般的和谐，而是荣辱与共，特别是在外界不断质疑不断攻击不断诋毁的情况下，即便他们先前有某些误解不太和谐的地方，也为了整体利益为大清王朝的根本利益而捐弃前嫌，团结一致。

人们之所以对慈禧太后与光绪帝的关系发生怀疑，其实说到底就是一个原因，即光绪帝不是皇太后的亲生子，而是领养的孩子，再加上1898年的政治变故，康有为等人的想象，一个养母怎能真的疼爱、关心一个养子，特别是当这个养子将大权独揽，并意味着剥夺皇太后的权力时，皇太后怎能与这个养子不发生矛盾呢？怎能和好如初呢？从常理说，这种怀疑自有其道理，不过，从同情与理解的立场，从温情与敬意的情理，从日常世俗伦理层面，我们完全可以从善的层面予以重新解释，重构光绪帝、慈禧太后相继死亡的真相。

正如许多研究者都指出过的那样，作为女人，慈禧太后其实是非常不幸的，女人最忌讳的几件不幸事件，慈禧太后几乎都遇到了。比如年轻的女子最怕丧夫，而慈禧太后 1835 年出生，1852 年十七岁时被选秀入宫，为咸丰帝的妃子，四年后即 1856 年生下咸丰帝唯一的皇子载淳也就是后来的同治帝，这大概是慈禧太后一生中最为快乐最为得意的一段时光。可是好景不长，内忧外患使身体原本就很虚弱的咸丰帝心力交瘁，终于在经历了 1860 年英法联军攻入北京的奇耻大辱后，第二年黯然病逝于热河。年仅二十六岁的慈禧太后就此开始了漫长的守寡生活，在皇叔恭亲王的帮助下，与东太后一起领着六岁的皇儿同治帝共同治理着这个庞大的帝国，表面上的辉煌和体面怎能填满一个青春少妇的正常欲望，年轻的寡妇守着的不是大清王朝的江山，而是孤独和寂寞。

孤独寂寞的日子过了十年之久，1872 年，年仅十七岁的载淳长大成人，开始亲政，两宫太后撤帘归政，准备颐养天年，可惜天不假年，仅仅三年时间，慈禧太后的亲生子也就是当今皇上同治帝却一命呜呼，于 1875 年年初病逝，年仅十九岁。这一年，慈禧太后四十岁。正应了中国老话，女人的最大不幸就是青年丧夫、中年丧子。从同情立场去观察，应该说慈禧太后真的是不幸。

慈禧太后是个不幸的女人，也是个不幸的母亲，而且往深里说，她还是一个不合格的母亲。大约是因为咸丰帝的早逝，大约也因为同治帝年幼丧父，使慈禧太后觉得小皇子也怪可怜，于是在小皇子的成长过程中，慈禧太后大约更多采取的是溺爱是纵容是听之任之，结交了许多不三不四的坏孩子比如宫中的太监，终于在这些佞臣宵小的影响下，走上堕落之路，整日里嬉戏游宴，耽溺男宠，常常在几个小太监的陪伴下溜出皇宫，微服冶游，整夜在南城琉璃厂、八大胡同等一些茶园酒肆、青楼妓院、花街柳巷盘桓，狎邪淫乐，流连忘返，往往直至第二天早朝时方潜回宫中，以致召见军机大臣时或仍处在醉酒状态，语言失次，杂以南城猥贱之事，不堪入耳。

小皇帝微服冶游是个人爱好，不过他似乎也知道贵为皇上这样不好，所以他在南城狎邪淫乐时总是担心遇到自己的众爱卿，那样的话不是一般地丢失体面而是太过难堪，所以他总是在那些佞臣宵小的带领下，尽量避开大臣们常去的著名妓寮，专觅那些下等私娼取乐，天长日久，终于染上了不洁之病，死前数日，下部溃烂，臭不可闻，或曰梅毒，或曰疥疮，当然也有掩饰性的解释说是天花。

同治帝之死说明慈禧太后不是一个合格的母亲，而这样不合格的母亲在中国传统社会甚至现在的中国社会也并不鲜见。年轻的寡妇不想见到自己的独苗吃苦受累，更不愿让自己的独苗受到什么约束。如果我们将慈禧太后放在一个常人的立场上去理解，大概不难明白她的这系列遭遇其实和普通人没有什么不一样。

19岁的同治帝死了，也没有留下儿子，且同治帝为独根独苗，无兄无弟，皇位继承既不能按照惯例由皇子顺位，也无法按照"兄终弟及"的原则，找其亲兄弟继承。不得已，清政府只好从最亲近的亲属中选择皇位继承人，于是找到了醇亲王奕譞不到五岁的儿子载湉。

载湉生于 1871 年 8 月，他的父亲醇亲王奕譞为道光帝第七子，咸丰帝的弟弟，所以从皇族关系论，载湉为慈禧太后的侄子。而从慈禧太后娘家关系说，载湉的母亲叶赫那拉氏为慈禧太后的胞妹，载湉也就是慈禧太后的亲外甥。1875 年 2 月 25 日，年仅四岁的载湉正式继位，这就是清朝第十一位皇帝光绪帝。

青年丧夫、中年丧子的慈禧太后对于这个小皇帝应该说是有真情实意的，绝不会像那些政治上的反对者所说的那样势不两立，视若仇雠，果真如此，凭借慈禧太后的权势和决断，她在任何一个时候都可以借任何一个借口撤换皇位继承人。当然，也正如许多领养孩子的中年妇女一样，慈禧太后和小皇帝在很多年的相处中也不可能都是那样对所有问题的看法都一致，正常的意见分歧不足怪。不过，如果从日常情理的层面去观察，他们之间的相互关系应该是，皇上清楚地知道自己是领养的，也知道自己在家、国两个方面将要负起的责任，因此对于皇太后是尊重的敬仰的佩服的，对于皇太后的所有安排嘱咐一般地来说是照单遵守认真执行的，因而其性格或者说生活习惯中就养成了对皇太后的高度依赖，凡事总以皇太后的意志为意志，并没有怎样的反叛精神。在这一点上，领养的光绪帝和慈禧太后的亲生子同治帝有着本质的区别，慈禧太后鉴于同治帝的惨痛教训不再娇惯纵容这个领养的儿子，也是人之常情，是任何做母亲的本能。

光绪帝是慈禧太后的养子，从血缘上是自己的亲侄子、亲外甥，是老太太自己的未来和大清王朝的未来希望，是老太太的所有寄托，老太太严格要求皇上并没有错，这是任何正常人家都会做的事情，而且慈禧太后在这个过程中也并不是想象中的那样独往独来自行其是，她不仅要受制于皇族近亲、满洲贵族统治集团的制约，而且她很快将光绪帝的生身之父提升至非常重要的位置，自1884年取代恭亲王奕訢成为大清王朝首席军机和总理衙门的领班大臣，直至1891年去世，一直位居清王朝的权力中枢，所以我们无论如何不能相信康有为等人后来所编造的那样谎言，说什么慈禧太后与光绪帝不共戴天、视若仇雠。

1886年，慈禧太后五十一岁了，小皇帝也满十五周岁了。这一年，慈禧太后找皇上生身之父、醇亲王奕谡及军机大臣礼亲王世铎等商量让小皇帝早日亲政的事情。几经周折，这件事情终于在1887年成为事实，慈禧太后只是在各方面要求下继续帮助小皇帝拿拿主意，帝国的日常处置权逐步向光绪帝手中转移。应该承认，慈禧太后在这个问题上绝不像康有为和后来许多研究者所描述的那样卑劣，她要真的想揽住权力，大概完全可以不这样做。

执掌大清国的朝政已经三十年之久，更重要的是作为一个青年丧夫的寡妇，慈禧太后先是辅助亲生儿子同治帝治理这个庞大帝国，亲生儿子不在了，又抱养了这个小皇帝，现在小皇帝终于可以亲政了，可以自己当家做主治理国家了，作为母亲，有什么可以去怀疑的呢？无论怎样眷恋权力的人都无法抵制岁月流逝，无法抵御生活诱惑。慈禧太后确实准备结束一个时代，确实准备颐养天年，过上几年轻松日子。这是人之常情。

然而，大清国的政治现实并没有满足慈禧太后的期待。光绪帝亲政不几年，甲午战争爆发了，维新运动开始了，为了大清国的整体利益，慈禧太后不得不再次出山，帮助儿皇帝料理国家大事。

如果仅仅从权力构成上说，中国传统社会一直强调的皇权至上性和不可分割性，皇权中心的一元化几乎是历代王朝不得不遵守的原则。晚清政局之所以出现两宫共同专制的局面，完全是特殊的历史条件所致。不过，如果我们以客观的立场去观察慈禧太后在 1894 年之后的作为，也应该承认，她对权力的使用是相当克制的、相当节制的，她并没有滥用自己权力干预朝政，并没有越过皇上处理国家大事，她只是对皇上的决策保持最后否决权。这只是在替年轻的皇帝把把关。所以，尽管经历了那么多的政治波折，大风大浪，我们从清代正史中从来没有读到皇上对皇太后的抱怨，皇上至死都是感激皇太后的养育之恩和多年来的精心照料、耐心辅助。

皇上身体不好是一个谁都知道的事实，他不仅自幼体弱多病，更重要的是作为皇上他没有完成而且永远无法完成大位的传承，甚至无法对皇后对嫔妃履行一个丈夫应尽的义务。这是男人无法说出口的羞耻，也是光绪帝后来性格稍有扭曲的一个重要原因。他的肾病由来已久，奇怪的是，他不仅肾功能有问题，而且在大婚前后开始长时期遗精，据他自己说到了 1907 年就有二十年的历史。一个长期遗精的人当然不利于夫妇生活，一个没有夫妇生活的人，当然会对性格形成某种程度的扭曲。这是现代医学、现代心理学所证明的。长时期遗精和长时期的肾病对皇上确实构成一个很大的困扰，也是皇上一个很难说出口的尴尬，是他后来稍微有点抬不起头的最重要的原因。对于这样的一个后辈，慈禧太后能够做的事情，除了安慰，除了劝勉，还能做什么呢？我们完全可以想象，慈禧太后只能从内心深处哀叹自己的命太苦，为什么上帝或者说老天爷要把一切危难一切坏事都留给她呢？青年丧夫、中年丧子，也就罢了。为什么几十年辛辛苦苦领养的这个儿子，这么听话，这么有出息，却又这样让他身体不好，让他无后，让他英年早逝呢？

光绪帝的病情大约从1898年秋天之后就逐步恶化，好在他贵为天子，享受着帝国最好的医疗条件医疗待遇，经过宫廷御医天下名医精心呵护精心治疗，光绪帝的肾病竟然在那个没有血液透析医疗条件下存活了十年之久。这本身就是一个奇迹。

谁也没有想到1908年秋，当政治改革到了最吃紧的关头，年仅三十八岁的光绪帝病倒了，而且一病不起一命呜呼。关于光绪帝的死因，清代正史和医学专家的意见大体都是正常死亡，是长期受到肺结核、肝脏、心脏、风湿等慢性疾病的侵扰，致使免疫力严重下降严重缺失，最终造成心肺功能衰竭，合并急性感染而死亡。

历史的巧合在于，在光绪帝发病之前一段时间，七十三岁的老太太慈禧太后也因吃了一点不合适的东西，拉肚子好长一段时间了。拉肚子可以置人于死地，这也是医学上的常识，特别是对体弱的老人而言，更是如此。问题还在于，慈禧太后的痢疾既然已经好长时间了，如果不发生光绪帝死亡事件，相信慈禧太后大概也不至于突然不治。光绪帝的死亡对慈禧太后的打击太大了，生命垂危中的老太后越想越伤心，越想越觉得自己的一生太命苦，所有的希望均成为泡影，所以她在这个养子年仅三十八岁英年早逝后不到一天时间，也就一命呜呼。这个解释不仅来自清代官方正式文件，而且应该更合乎人道、合乎人情、合乎常理、合乎历史和逻辑。

太皇太后在遗诏中说，"大行皇帝入嗣大统，时事愈艰，万机待理，民生愈困，内忧外患，纷至沓来，不得不再行训政。前年宣布预备立宪诏书，本年颁示预备立宪年限。万机待理，心力俱殚。幸予气体素强，尚可支持。不期本年夏秋以来，时有不适。政务殷繁，无从静摄，眠食失宜，迁延日久，精力渐惫，犹未敢一日暇逸。本月二十一日复遭大行皇帝之丧，悲从中来，不能自克，以至病势增剧，遂致弥留。"慈禧太后的这个解释合乎逻辑，不应于此不疑处生疑，更不应怀疑其母子之间的真感情。

如果我们对自己民族的历史抱有适度的温情与敬意，如果我们对晚清历史不是抱着先入为主的偏见，我们就应该承认光绪帝和慈禧太后确实是中国历史上不可多得的杰出政治家，尤其是慈禧太后在其漫长的政治统治中或许有这样那样的问题值得重新检讨，但无论如何我们都不能否认，他们在生命的最后几年，就像慈禧太后自己所说的那样，前年宣布预备立宪诏书，本年颁示预备立宪年限。这个迟到的觉悟使他们母子获得了巨大的声誉，根据官方文献《光绪实录》的记载，其时，"海以内编户之氓，海以外重译之使，皆奔走呼号，如赤子失慈父母，靡所瞻依，此以见德泽及人至深且远"。这种估价虽然稍嫌夸张，但其真相似乎离此不远。

根据相关记载，光绪帝的病情在 1907 年之前虽然多有反复，但他毕竟是帝国最高领导人，毕竟享有那个时代最好的医疗保健待遇，所以尽管皇上的身体不是太好，然大体上还能得到控制。只是到了 1907 年秋，光绪帝的病情开始恶化。根据清政府指示和皇上要求，直隶、两江、湖广、江苏、浙江等省督抚先后保送陈秉钧、曹元恒、吕用宾、周景涛、杜钟骏、施焕、张鹏年等名医来京会诊。这些名医根据病情诊断，提出很多治疗方案，有的被接受，有的被拒绝。

到了 1908 年秋，随着预备立宪政治改革步步深入，朝廷政务更趋繁忙，皇上的身体状况似乎在这时更趋恶化。根据皇上后来陈述，他在当年 11 月初，开始感到阴阳两亏，标本兼病，胸闷胃胀，腰腿酸痛，食欲渐差，兼有咳喘、麻冷发热等症，夜不能寐，精神困惫，情绪自然受到很大影响，显现明显的焦虑状态。

生命的意义只有在生命将要终结时才显现出其可爱和留恋。年仅三十八岁的光绪帝太想万岁了，太想活着了。他在过去的那些年，或许是久病成医，他的好学使他对自己的疾病深有研究，且凭借自己的任性充当着自己的"医疗组长"，在御医、名医开出的方子上，光绪帝任意加减。皇上的威权至高无上，皇上的意志就是御医们的意志。所以当其病情继续恶化时，光绪帝并没有放弃治疗更没有绝望，他怎么也不能相信自己会如此英年早逝，会如此出师未捷身先死，他甚至在生命的最后一刻依然凭借着求生的本能发布一道谕旨，紧急要求各省督抚遴选医学专家火速来京，甚至提出不管这些人有无官职，是否出身正道，只要能够给他治病，就可以不拘一格。光绪帝甚至少有地许诺，如果治好了他的病，不仅要重赏这些民间名医，而且必将重赏那些保荐者。

然而，正如中国一句古话所说的那样，再好的医生再好的医术再好的药方，也只是治得了病，治不了命。光绪皇帝在三十八年有限生命岁月中延续了二十年慢性病终于持续恶化不治，引起各个器官的衰竭和各种综合征并发。光绪帝年轻的生命终于走到了尽头。

尽管光绪帝长时期体弱多病，尽管他的病情在最后一段时间也曾向外界公布和透露，但年仅三十八岁的他，多年来被塑造的朝纲独断大权独揽的圣明天子形象，特别是在最后几年迎合世界大势推动政治改革，不仅宣布中国要走上立宪的道路，而且实实在在推动君主立宪的进程，宣布九年预备的政治日程表。光绪帝的这些形象深得人心，如日中天，人们只知道他身体不好，谁也想不到他会在如此年轻的时候撒手归西，再加上光绪帝常年慢性肾病使他无所出，因而清政府的政治继承突然间就成了最大问题，由此也就引发了历时百年的阴谋论。

恭亲王之死

1898 年 5 月 29 日，夜幕降临时分，位于内城什刹海西北角的恭王府内哭声一片。恭亲王奕䜣终于久病不治，撒手人寰，年仅六十六岁。

恭亲王为道光皇帝第六子，1850 年受封为亲王。三年后，年仅二十岁的恭亲王充任军机大臣，开始了他在清政府最高决策层的政治生涯。在恭亲王主持朝政的那些年，他与汉族出身的大臣曾国藩、左宗棠、李鸿章、胡林翼等人，修补内部政治秩序，调整对外战略方针，为大清王朝的恢复与发展赢得了一个难得的外部环境。

然而令人遗憾的是，1894 年黄海一战，举全国三十年积累创建的北洋海军顷刻瓦解。紧接着，马关议和、割地赔款，大清王朝陷入空前的政治危机。

1897 年年底，德国突然出兵强占胶州湾，中国国内的民族主义情绪因此再度高涨，以康有为为代表的年轻一代提出政治改革的目标，要求清政府取法俄日，建立君主立宪体制。作为稳健的政治家，恭亲王无法认同康有为的政治理念。

1898 年 1 月 11 日，恭亲王主持总理衙门例会讨论光绪帝的指示。皇帝的师傅翁同龢以为康有为是一个不可多得的人才。而工部尚书许应骙认为康有为人品低下。双方争论不下，无法达成共识。于是恭亲王建议，由总理衙门大臣对康有为进行一次面试，再做决定。

总理衙门大臣于1月24日下午在西花厅召康有为问话，第二天，翁师傅向光绪帝作了报告，建议皇上尽快召见康有为。光绪帝有意接受他的建议，但恭亲王以皇上召见康有为这个级别的小臣不合祖制为由，建议先请康有为将改革方案书面报告给皇帝，然后视情况发展而定。

恭亲王阻止了光绪帝召见康有为，并不能从根本上阻断皇帝与新思潮的接触，而且更为严重的事实是，他的病情越来越严重。5月26日、27日，慈禧太后和光绪帝前往探视恭亲王，恭亲王利用这个机会，向两宫表达了自己的忧虑，他希望年轻的皇帝能够很好地尊重慈禧太后，在用人行政上要格外小心。

对于翁同龢，恭亲王根据自己多年的共事与了解，以为他系书生治国，能力有限；至于其人品，恭亲王告诉光绪帝和慈禧太后，此人"居心叵测，并及怙权"，如果不对他进行防制，一旦他与康有为等人联手，必将惹出祸端。

恭亲王的临终交代，令光绪帝感到格外恼火，他决定直接试探翁师傅的忠诚度。对于恭亲王的临终交代，翁在那几天也有耳闻，他知道要保住自己的地位与权势，就必须与康有为一刀两断。

5月26日，光绪帝向翁师傅索要康有为的著作，已有心理准备的翁同龢出于自我保护的本能，否认与康有为有来往。

翁的回答使光绪帝不快，因为皇帝记得，正是师傅向他不止一次地推荐过康有为，于是反问道：是什么原因使你不与康有为往来？翁答：康有为居心叵测。第二天，光绪帝重演昨日故事，翁依然如昨日一样回答了皇帝的提问：一是康有为居心叵测，可能是政治小人；二是他自己与康有为也没有什么往来。

翁自以为聪明，矢口否认与康有为往来，殊不知弄巧成拙，反而暴露出自己政治上不诚实的一面，验证了恭亲王的评判。

翁师傅已不可信，于是光绪帝在恭亲王去世之后，断然罢黜他的一切职务，对政府进行改组。同时，皇帝接受了康有为的建议，以开启一个新时代。可惜的是，仅仅一百天，这个新时代就宣告结束。

　　爱新觉罗·奕䜣（1833—1898），道光帝第六子，遗诏封"恭亲王"。咸丰十一年（1861），授议政王之衔。光绪二十年（1894）起历任领班军机大臣与领班总理衙门大臣。

罢免翁同龢是光绪的意图吗

1898 年 6 月 15 日，即清光绪二十四年四月二十七日，是当朝帝师、协办大学士兼户部尚书翁同龢的六十八岁生日。凌晨一时许，京城开始下起了小雨，渐渐越下越大，年迈的翁大人以为是个好兆头，喜而不寐。晨起，郑重其事叩头如仪，然后乘轿子入宫上班，批阅各地报来的奏折，治事如常。翁师傅万万想不到他的政治生涯竟然在这一天戛然而止。

早朝时，翁同龢如同往常一样与各位大臣准备进入会议大厅，突然宫中主管宣布翁同龢暂时不要进来。各位大臣进去后，翁同龢感到事情似乎有点不对头，遂独坐看雨，随手将一些看过未看过的奏折等文件五匣整理出来交给苏拉英海。

大约一个小时后，同人退，宫中太监向翁同龢宣读朱谕："协办大学士翁同龢近来办事多不允协，以致众论不服，屡经有人参奏，且每于召对时，咨询事件任意可否，喜怒见于辞色，渐露揽权狂悖情状，断难胜任枢机之任。本应察明究办，予以重惩，姑念其毓庆宫行走有年，不忍遽加严谴，翁同龢着即开缺回籍，以示保全。钦此。"

一个故事的不同解读

当天清政府还宣布了另外两项人事调整：一是召直隶总督兼北洋大臣王文韶迅速来京陛见，稍后以户部尚书入值军机处，兼任总理各国事务衙门大臣；一是命协办大学士兼总理衙门大臣荣禄接替王文韶代理直隶总督兼北洋大臣。这两项人事调整案显然与翁同龢开缺回籍密切相关，是清政府在四天前宣布"明定国是"进行变法维新后的一个重大举措，迅即引起国内外各种各样的解读，即便是后世研究者也对这一天所发生的事情看法不一，莫衷一是。

一种流传比较广泛且被人们长时期认同的说法是：这些人事调整案预示着以慈禧太后、荣禄以及军机大臣刚毅为中心的保守势力对光绪帝主导的维新变法运动不放心，罢免翁同龢就是刻意斩断光绪帝的左膀右臂。甚至有一些外国观察家认为将翁同龢免职实质上构成一次政变，它的重要性在于即使不是真正废黜了，也实际上废黜了光绪皇帝，因为二十天前清政府重臣恭亲王奕䜣的突然死亡，已使光绪帝失去了一位老一辈的庇护者，而慈禧太后又立刻进了一步，胁迫这位可怜的年轻皇帝革去了他最忠诚的支持者翁同龢的官职。同时，慈禧太后还强迫光绪帝下令，受任新职的高级官吏必须到太后面前谢恩。这就意味着，她将亲自垂询这些高级官吏对当前事件的见解，并亲自向他们颁发怎样处理这些事件的懿旨。

当时在中国的一些外国人还听说，清政府内部高层已在议论真正废黜光绪帝，而不只是实际上的废黜了，但是又惧怕牵涉到外国列强而引起复杂的局面，似乎已放弃了这种设想。他们根据这些传言甚至得出这样的结论，突然罢免当朝帝师翁同龢的一切职务，产生的后果是非常严重的，光绪帝可能已被剥夺了权力。这些解读基本上都是依据帝党、后党权力冲突的两分法，以为以太后为首的后党先发制人，夺回了权力。

其实，经过几天观察，许多人发现事情的真相远非那样简单，罢免翁同龢的一切职务、改组政府，可能并不是太后的意思，更不是所谓后党发动的政变。真相可能相反，当时占据主动地位的是光绪帝，而不是慈禧太后。人们很快发现，两宫之间的一致性远远大于他们的分歧，罢免翁同龢是两宫协调一致的政治决定。

更为重要的是，许多人开始意识到，在罢免翁同龢这件事情上，无论是慈禧太后占据主动，还是年轻的光绪皇帝占据主动，其结果都意味着新改组的政府已经摒除原先的保守与暮气，将翁同龢免职不是削弱光绪帝的权力，更不是保守派对革新者的打击，恰恰相反，是清除了翁同龢这个极端保守主义者，是为新政府将要进行的改革扫清人事上的障碍。国内外许多关心中国政治形势的人相信，没有翁同龢的新政府，在光绪帝的带领下和慈禧太后的协助下，一定会采取许多有意义的改革。美国新任驻天津领事向美国国务院报告称，被开缺回籍的翁同龢多年来一直身居要位，且深得皇帝宠信。他相当诚实，心地善良，但极端排外，"是顽固派中的顽固派"。对于中国政局的未来，美国领事一方面忧虑慈禧太后与光绪皇帝在治国理念上的差别迟早会引出麻烦，另一方面对中国的政治前途充满信心，相信随着慈禧太后重新掌握权力，李鸿章将很快再次复出并恢复其影响力，而李鸿章是中国高级官僚中少有的具有世界眼光的政治家。他们相信李鸿章主导的政府一定会进行一些有意义的改革，促进中国的进步与发展，缩小中国与西方文明世界的距离。

英国驻华公使窦纳乐根据自己与翁同龢直接交往的经验，表示翁同龢的出局不会影响中国的政治改革，恰恰相反，他的出局为中国的改革力量扫除了一个坚定的、受人尊敬的保守派。窦纳乐说，翁同龢是守旧派，他的影响是以不变应万变，以此反抗革新及进步。翁同龢思想极端保守和落伍，只是在个人修养方面，翁同龢有学者风度，受人尊敬，是"一位守旧的中国政治家最优美的典型"。

连连失误

与翁同龢有着很多直接交往的英国人赫德也表达了类似看法。他认为翁同龢总体上代表了旧的方面，他的出局应该有助于改革的进行。赫德说，翁同龢被开缺回籍是一个意味深长的事件，它意味着清政府对一种过于守旧的政策的放弃。这可能表明了宫廷内的争吵，皇太后要废掉光绪皇帝。赫德表示自己很为可怜的翁老头难过。翁同龢有很多卓越的见解，但是据说他利用了作为太傅的职权，过多干预了这位皇帝关于实行民众参政的主张。可惜的是，光绪帝没有把它施行得更温和一些。赫德既为翁同龢的结局感到遗憾与惋惜，也庆幸中国终于放弃了过于守旧的内外政策。这大概就是当时人们的一般看法。

其实，日本驻华公使林董早在 1895 年甲午战争结束不久就预料到，翁同龢与李鸿章的矛盾不可调和，他们两人之间迟早会有一拼。当年 12 月 3 日，吏部右侍郎汪鸣銮与户部右侍郎长麟被突然免职，永不叙用。由于两人均为翁同龢的门生，故而当李鸿章获知消息后，辄对人说：此乃是对翁同龢进行的第一重打击。而与李鸿章关系密切的罗丰禄等人认为，此事意味着李鸿章恢复势力的第一步。据林董说，翁同龢在任职总理衙门时经常露面，他也屡屡与其会面，但汪鸣銮、长麟的事情发生后，却很难再见到翁同龢。林董曾就此向各国公使询问，其他人也同样很难见到他。这大概是因为外交事务之困难，常出于意想之外，而令其不知所措。因此，翁同龢不能像往常那样，旁观于局势之外，放言高论。他在甲午战争后担负着巨大的外交责任，然而他并没有足够的外交经验，长此以往，翁同龢不能保其地位，必受挫折，似乎可以肯定。而接替翁同龢充当外交责任的人选，在林董看来，非李鸿章莫属。所以甲午战争后被视为承担战败责任的李鸿章也一直等待着翁同龢出局。

李鸿章在等待机会，他并没有在甲午战争后很快与翁同龢闹翻。相反，在最初阶段，他们两人在表面上更加和气，甚至相互恭维。尤其是当李鸿章出访欧美归来后，他们先前势同水火的关系有了很大改善。被视为李鸿章门生的伍廷芳、罗丰禄跃升为出使大臣时，翁同龢对此不仅没有表示异议，反而大加赞助。从其处理总理衙门事务的情况看，两人也未见有特别轧轹的现象，相反有了几分惺惺相惜、互相依赖的倾向。据法国公使施阿兰的观察和分析，翁同龢与李鸿章的关系之所以如此契合，是因为翁同龢已知道目前与李鸿章相争的害处，且厌恶与各国公使直接谈判，从而利用李鸿章，以李鸿章当谈判之冲；而李鸿章亦知目下与翁同龢相争乃失策之举，故利用翁同龢无勇气与各国公使折冲的机会，自当其冲，企图渐次恢复自己的势力。此乃相互利用之事，故外表相和，而内心不然。他们都在相互等待着对方的倒霉和失势。据日本驻华代理公使内田康哉观察，此为大清国官吏之常习，互相伺隙，何时昔日关系重演时，也难免会反目为仇。

至于国内年轻一代知识分子，他们对翁同龢被罢免一切职务的看法在当时虽有多种说法与评论，但大体上，他们并不像戊戌政变后康有为、梁启超等人所强调的那样，开除翁同龢意味着慈禧太后对维新变法运动不满，意欲制约主张变法维新的光绪帝的权力，真实的情况或许正相反。他们差不多都对清政府如此严厉处分翁同龢觉得有点过分，但也承认翁同龢可能真的代表了守旧的一面，其为守旧党之领袖或为事实。民间知识分子对翁同龢似乎一直没有多少正面的评论，一个流传很广的段子说翁同龢"满面忧国忧民，满口假仁假义，满腹多忌多疑，满身无才无识"。国内年轻一代知识分子一般认为，翁同龢的出局或许有助于维新变法运动的深入开展。在翁同龢被罢官第二天，康有为按照既定的安排觐见光绪帝，他不仅没有对翁同龢被罢官提出任何异议，相反却鼓励光绪帝为了能够顺利推行变法新政，应该更多地将那些守旧高官剔除出局。在他等候皇上召见时，巧遇新任直隶总督兼北洋大臣荣禄向他咨询怎样才能补救时局、顺利推行变法，康有为明确表示仅仅将那些守旧高官免职出局还不够，最好能够杀几个一品大员。由此可见康有为此时似乎并不同情翁同龢的遭遇。

康有为在当年并不同情翁同龢，但他在戊戌年过去之后却一再表白对翁同龢的同情，表示对慈禧太后罢免翁同龢的愤懑。于是翁同龢的形象在康有为、梁启超那里又发生了一次根本性的颠覆，他们认为变法之初将翁同龢开缺回籍，是以慈禧太后为首的保守派意欲斩断光绪帝的左膀右臂，是慈禧太后、荣禄、刚毅等人在变法正式开始前的一个大阴谋。

参照这个说法，最近几年又有一个全新的解释，认为翁同龢被开缺不能归罪于慈禧太后，是光绪帝本人的意思。即便慈禧太后有责任，那也只是默许而已。

诚如梁启超在《戊戌政变记》中所指出的那样，翁同龢之被开缺是戊戌年间政治改革成败的一大关键，因此弄清楚翁同龢为何被开缺，以及这一事件所导致的直接后果是什么，确实是戊戌维新运动史研究中的一大课题。

作为光绪帝的师傅，翁同龢不仅长期受到光绪帝本人的信赖和倚重，实际上也为慈禧太后所信任。试想，如果慈禧太后在过去不信任翁同龢，她会让他长时期在年轻的皇帝身边充当老师吗？所以说，翁同龢被开缺，不必从更远的背景去寻找。还是应该回到光绪帝所宣布的上谕上来，通过这份上谕的主线去贯穿大家都能看到的史料，看看哪些符合逻辑，哪些只属于戊戌政变后的政治宣传。

朱笔上谕所列翁同龢免职的原因主要是两项，一项是从远处说，另一项则从最近期的责任上说。先看第一项，该上谕开篇第一句说翁同龢"近来办事多不允协，以致众论不服，屡经有人参奏"。显然，翁同龢的免职是因为他"近来"工作实绩及效果不佳。那么这个"近来"究竟有多远？所谓"众论不服"的"众论"又指哪些？所谓"屡经有人参奏"的那些奏章又都说了什么？对于这些指责翁同龢是辩解，还是承认？所有这些似乎都是弄清翁同龢被免职的关键因素。

根据这些提示，我们不必远求，只需分析甲午战争后翁同龢主要担负哪些职责、他的工作效率如何，就可得知什么原因导致他从两宫最为信任和依赖的宠臣、重臣而变为被人指责、被人不断参劾、最终被两宫不得不疏远的人。

在甲午战争前，面对日本的步步进逼和不断挑衅，翁同龢是坚决主战的领袖人物，在他的影响下，年轻的光绪帝渐渐被莫名的激情所激荡，逐步走上了主战道路。可惜这场战争失败了，清政府不得不面对《马关条约》所规定的巨额战争赔款和巨大面积的国土丧失。当此关头，翁同龢提出"宁增赔款，必不可割地"的主张，清政府的决策者似乎也接受了这一主张，于是有三国干涉还辽的发生。中国借此收回了辽东半岛，却增加了更多的赔款。

在短时期内筹集这一笔巨大的战争赔款是战后清政府最主要的工作。曾经提出可以增加赔款而不愿割地的翁同龢，自然要对怎样才能迅速筹集到这笔资金担负相当大的责任，更何况他还以帝师身份兼任军机大臣、总理各国事务衙门大臣、督办军务处大臣、户部尚书、协办大学士等数职呢？

根据当时清政府的财政状况，要想依靠自己的财政结余去偿还这笔巨款是根本不可能的，清政府的唯一选择是向西方国家筹借。

　　清政府在战前向西方国家借款之事，基本上是由担任海关总税务司的英国人赫德负责经办的。于是当清政府在战后有意向西方筹借款项作为赔偿日本的费用时，赫德就提出了自己的主张。他希望将海关每年两千万两白银的洋税全扣，这样差不多十年的工夫，就可以将这笔巨额赔款全部了结。赫德的建议遭到了户部侍郎张荫桓的反对。张荫桓以为如此办理肯定会影响政府的日常财政支出。接着，赫德提出向英国汇丰银行借款五千万两白银，除了偿还日本的费用外，还可以剩余一千数百万两白银作为办理其他事情的费用。

　　向英国的商业银行借款没有成为事实，因为当时俄、德、法三国自认为在联合干涉日本向中国归还辽东半岛的交涉上有功，企图以此强制中国向他们借款。而清政府内部如李鸿章、孙毓汶、徐用仪等人看到三国干涉还辽的外交意义，同样期待通过向俄国等国家进行借款，加深两国的关系，以便联合俄国等国制衡或者压制日本。

　　经过反复交涉与争夺，甲午战争后第一笔大借款由俄、法两国共十家银行分摊提供，总额折合白银一亿两，年息四厘，九四又八分之一的折扣，分三十六年偿还，以海关关税为担保。中国方面由总理衙门和户部共同负责，徐用仪、张荫桓等户部堂官等参与谈判，而担任户部尚书的翁同龢因故没有参加，这就为后来的纷争埋下了伏笔。

　　根据中俄法达成的共识，这次借款所附的政治条件是，俄国不但要插手中国海关，分享由英国人独占的权力，而且获得了不少通商优惠以及在中国境内修建西伯利亚铁路的商业机会等；而法国则通过与清政府签订的《中越分界通商条约》，获得了中国云南境内的大片土地使用权，以及投资开采矿产、修筑铁路及通商等方面的商业利益。

政治借款附带某些商业性的条件，按理说也是外交上的通例，况且吸引外国资本到中国投资、开发市场也未必就是一件坏事。不过，没有参与此次谈判的户部尚书翁同龢似乎并不这样认为。他的看法是，中国因这次借款"受亏不少"。基于这种认识，翁同龢批评徐用仪在与俄国人的谈判中一味屈从俄国人的要求，甚至同意俄国人提出的九三折扣率，致使中国蒙受了不该有的损失。他甚至与同样没有参与此次谈判的张荫桓联名致电中国驻俄公使，要求更改折扣率。作为清政府负责此次谈判的徐用仪当然也有自己的理由与感受，他既不承认屈从俄国人的压力出让国家利益，更没有因为翁同龢的特殊身份而接受翁同龢的指责。

同为军机大臣的徐用仪没有接受翁同龢、张荫桓的指责与劝告，他们之间自然发生了深深的误会乃至"龃龉"与"忿争"。再加上那些自命清流不明事理的御史王鹏运之流接二连三的告状，徐用仪很快就被光绪皇帝罢免了职务。

1896 年 3 月，《马关条约》规定的第二批赔款到期，清政府依然需要向西方国家借贷。鉴于第一笔借款中的曲折坎坷，清政府决定这次借款由翁同龢与户部侍郎张荫桓具体负责。张荫桓在外交主张上有联英拒俄制日的倾向，而管辖长江流域的两江总督刘坤一、湖广总督张之洞也倾向于向英国和德国借款。他们分别致函翁同龢表达了这一看法，希望翁同龢通过这次借款保持各大国在中国的战略均衡态势。翁同龢接受了这些主张，他与张荫桓开始了与英、德方面的借款谈判。

这次谈判进行得非常艰难，英、德方面提出了相当苛刻的借款条件。经反复交涉，1896 年 3 月终于达成协议，此次借款折合白银共一亿两，年息五厘，折扣九四，以海关收入作担保，分三十六年还清。清政府还同意，在这笔借款没有偿还完毕前，中国海关总税务司仍由英国人担任。

这次谈判的附加条件是英国通过《中缅条款附款十九条》掠夺了大片土地，扩大了在云南境内投资修筑铁路及在西江通航、通商等商业机会；而法国则获得了龙州至镇南关修筑铁路的合同。

两次借款的达成使中国付出了不少代价，尤其是各种折扣、佣金以及政府内部的挪用、个别官员的贪污等，都使实际上偿付日本的数额大为减少。如果照此下去，《马关条约》约定的数额必将大为增加，中国的负担将更加沉重。长痛不如短痛。翁同龢与户部满人尚书熙敬及户部侍郎张荫桓等都觉得，这样拖下去不如将剩余的赔款一次性偿还，中国为此还可以节省一千数百万两白银的利息。

清政府接受了这一建议，并据翁同龢的建议，光绪帝委派李鸿章会同翁同龢及其他大臣一起负责这次借款。李鸿章提出鉴于过去几次借款困难，不再向各国政府借款，改向商业银行借贷。然而他们经过相当长一段时间奔波，发现这种想法根本不可能成为现实，中国只好继续向各国政府借款。

1897 年 12 月，李鸿章向俄国政府提出借款一亿两白银，俄国财政大臣维特很快表示同意，但附加条件是中国应该满足俄国在满洲与蒙古享有修筑铁路及工业开发的独占权、中东铁路部分支线的修筑权及相关港口的修筑与使用权，中国还要承诺一旦海关总税务司一职空缺时，应聘请俄国人担任等。

英国政府得知俄国的借款条件时甚为愤怒。英国方面设法迫使中国同意向英国借款，并提出相应的附加条件。英国、俄国就向清政府借款问题展开了激烈的竞争。他们甚至为此使用了并不光彩的行贿手段。翁同龢、李鸿章、张荫桓等人或许并没有像那些捕风捉影的消息所说，接受过大笔贿赂，但似乎都多少得到过一些好处。这在后来的"倒翁"风波中，起到过相当重要的作用。这或许也是光绪帝由格外信任翁同龢转而不信任乃至厌恶的原因之一。

一次性借款一次性偿还日本的方案最终没有实现。提出这一方案的翁同龢不仅背上了"办事多不允协"的责任，而且因其受贿嫌疑遭遇了"众论不服，屡经有人参奏"的后果。

不仅仅是这样，当翁同龢一次性借款一次性偿还的方案无法继续执行时，他又别出心裁地向清政府建议，通过发行"昭信股票"作为筹措战争赔款的办法。昭信股票的发行是近代中国第一次发行国内公债。翁同龢和其他主持此次发行的大臣们没有相关经验是事实，但翁同龢等人对这件重大事务调研不充分、宣传不得力、工作太草率等致使昭信股票毫无诚信，无人购买，实在使大清王朝丢尽了脸面。光绪皇帝即便有心保他的师傅不丢官罢职，恐怕也"众论不服"。1898年3月24日，御史徐道焜上奏指责昭信股票流弊甚多，建议清政府速筹良法，亟图补救。3月29日，御史何乃莹上奏称昭信股票失信于民，弊端丛生。这种"屡经有人参奏"的办事大臣不被开缺，不被免除职务，清政府要开始推行新政何以能服人？所以，从这个意义上说，翁同龢于1898年6月15日新政刚开始第四天就被开缺回籍，实际上隐含有光绪帝杀一儆百的深意。光绪帝是要告诫那些官员们，如果对新政推行不力，或横加阻挠，即便尊为帝师，也照样严惩不贷。也只有从这个意义上来理解，才能弄清楚光绪帝何以在宣布免除翁同龢的职务后"警魂万里，涕泪千行，竟日不食"。他似乎也觉得因"这些工作中的失误"就将与自己朝夕相伴十数年的师傅开缺回籍太过残忍，但是为了新政的顺利推行，为了大清王朝的未来，也只好委屈自己的师傅了。所以，翁同龢被开缺回籍有着许多复杂的背景与原因，既有政敌的报复与暗算，也有他自己的失误和不检点，但根本原因却是慈禧太后与光绪帝为了新政顺利推行，为了大清王朝的根本利益而作出的选择。回想自商鞅、王安石乃至历朝历代的政治改革，哪一次没有拿自己的亲信、同道、朋友乃至亲人去祭旗？

真正的背后推手

这是从"近来"的远因上说，翁同龢的作为已经产生了许多弊端，诚如张荫桓告诉日本驻华公使矢野文雄的那样，翁同龢开缺之因，其源甚远。先是甲午战争爆发之初，翁同龢即力主开战。此战以来给中国酿成无数灾难。然后，翁同龢所主张诸政策多不允协，且于内部被视为骄恣专权的事例也为数不少。这类事情逐渐积累，遂演成今日之结果。

就近因而言，翁同龢已无法满足新政的政治需要。他已属于过去的政治人物，新朝新政必须要有新的气象，所以上谕中指责翁同龢近来"每于召对时，咨询事件任意可否，喜怒见于辞色，渐露揽权狂悖情状，断难胜任枢机之任"。这些指责所隐含的内容非常具体，足以表明翁同龢已不再适宜于继续担任推行新政、从事维新变法的政府首领了。恭亲王奕诉去世后的政府必须进行改组，翁同龢就必然成为一个牺牲品。

张荫桓对日本驻华公使矢野文雄还有分析说，翁同龢的"近来之事"之最大者是关于德国亨利亲王 1898 年 5 月份来华访问时的礼节安排问题。亨利亲王谒见光绪皇帝时，翁同龢执意反对皇帝与亨利亲王行握手礼，而皇帝则采用其他革新派官员的建议，与亨利亲王行握手礼。于是翁同龢仗着自己的帝师身份对光绪帝大放怨词。这不能不引起光绪帝的反感。当光绪帝招待亨利亲王饷宴时，大臣理应作陪，而翁同龢也不屑为之。诸事凡不合其意者，恼怒之情溢于言表。此等事逐渐积累，不能不引起年轻气盛的小皇帝的反感。小皇帝执意罢免翁师傅的职务，也就在情理之中了。

过去的研究与史料记载都表明，翁同龢不仅同情康有为、梁启超等人鼓吹的变法维新，而且也正是他向光绪皇帝推荐了康有为，从而使维新变法运动在经历了几多曲折之后终于在 1898 年正式开始。翁同龢是康有为的发现者，没有翁同龢，即便康有为的变法维新运动仍然会以某种形式、在某种时候变成现实，但绝不会是已经发生过的那个样子。所有这些都是不可更易的事实。

不过正如史料所表明的那样，翁同龢赞成、支持康有为的维新变法思想，但他与康有为之间依然存在着很大的不同。他虽然也是"公羊"学的研究者和鼓吹者，但却不能赞成康有为的"孔子改制"与"新学伪经"两大根本学说。而这两个震动学界、政治界的"异端邪说"才是康有为鼓吹政治变革、向西方学习的思想基础。所以当光绪帝 1898 年 5 月 26 日向翁同龢索要康有为关于变法维新的著作时，翁同龢竟一反常态，突兀地表白自己不与康有为往来。

翁同龢的这一反常回答肯定使光绪皇帝莫名其妙，因为光绪皇帝清楚地记得正是这位师傅向他不止一次地推荐过康有为，甚至不止一次地希望光绪皇帝能够破格召见康有为，听听这位年轻政治改革家关于中国未来的设计。后来在恭亲王奕訢指点下，礼部以光绪帝以皇帝之尊去接见康有为这样的年轻后生不合礼仪为由回绝了翁同龢的请求，改由总理衙门的大臣们在西花厅向康有为问话。第二天，正是这位翁师傅在皇帝的书房里向光绪帝密报了大臣们与康有为谈话的情形，使光绪帝对康有为的印象又增加了几分。光绪皇帝由此开始格外留意康有为这帮维新志士的一举一动，而这位翁师傅也开始"议论专主变法，比前判若两人"，每天向皇帝讲授的课程也由先前的儒家经典改为"日讲西法之良"。

可是刚刚三四个月过去，这位翁师傅怎能说他不与康有为往来呢？于是年轻的光绪帝不得不反问道，是什么原因使你不与康有为往来？翁答道，康有为此人居心叵测。这个回答更使皇帝感到莫名其妙，翁师傅你先前竭力推荐的所谓年轻有为的政治改革家，竟然变成了"居心叵测"的政治小人，那你先前是怎么考察的？你先前为什么不详说？翁同龢的回答是，先前没有看到过康有为的全部著作，最近得读他的《孔子改制考》方才得到这样的认识。这样的解释虽然可以自圆其说，但年轻的光绪皇帝肯定认为，这位师傅要么是在骗他，要么这位六十八岁的翁师傅确实老了。于是光绪帝决定当天不再与翁师傅理论，待明日师傅调整好情绪再说。

第二天，光绪帝重演昨日的故事向翁师傅索要康有为的著作。翁同龢并没有忘记昨日的回答，依然如昨日一样回答了皇帝的提问：一是康有为居心叵测，可能是政治小人；二是他自己与康有为没有什么往来。翁同龢的这种回答使光绪帝非常愤怒。皇帝清楚知道用人不当将会给大清王朝带来怎样的危害，何况将要提拔、使用的这位康有为将要负担这么大的改革重任呢？于是，光绪帝史无前例地对自己这位素来尊敬的师傅发火了，而翁同龢面对皇上的盛怒似乎没有丝毫悔意。他依然执着地表白自己的看法，并一再声称自己无论如何都不会进呈康有为的著作，并劝告皇上如果一定要康有为的著作，最好请总理衙门通过正式渠道进呈。盛怒中的光绪帝根本听不进翁同龢的建议，声称即便要总理衙门进呈，也必须由你翁师傅转达给军机大臣张荫桓。这就更使翁同龢感到困惑，张荫桓每天都可以见到皇上，皇上你为什么不能当面交代，何必一定要难为老臣传话呢？对于翁同龢的困惑，光绪帝根本不予理睬，他执意翁同龢必须这样做。不得已，翁同龢只好到张荫桓的办公地点转达了皇上的谕旨。

这个故事发生在 1898 年 5 月 26 日和 27 日两天，故事的细节清楚地记在翁同龢的日记里。过去的研究者差不多都注意到了这个故事，但在解读上都认定这表明翁同龢与康有为在学术上确实存在着差别，或者说，翁同龢与光绪帝在用人、治国理念上存在差别。几乎所有的研究者都忽略了这个故事的背景，更忽略了翁同龢为什么要把这个故事记录到自己的日记里，因为遭到皇上的训斥毕竟不是一件多么光彩的事，更何况这只是他们师徒两人之间才知道的事情呢？

从背景上说，1898年5月26日、27日，正是清政府重臣恭亲王奕䜣弥留的日子。前面已提到，弥留之际的恭亲王出于对大清王朝的忠诚，对清政府的未来尤其是用人方面向慈禧太后、光绪皇帝等表达了自己的担心。作为正当红的军机大臣、帝王之师的翁同龢不会不知道这些谈话，即便不知道细节，也肯定知道大概，所以当光绪帝5月26日向他问及康有为时，他的本能反应就是抹杀他与康有为的任何关系，并指责康有为是"居心叵测"的政治小人。至于翁同龢将这些责难与冲突详细记载在自己的日记里，不过是为了将来某一天康有为真的出事了，能够由此证明他与康有为等人确实没有关系。

这是从远的方面说，至于最近的方面，翁同龢之所以急于辩解他与康有为没有来往，并指控康有为居心叵测，显然他已得知恭亲王关于他与康有为的评价，既然恭亲王已向皇上指出不可听信"广东举人"的变法主张，既然恭亲王已怀疑康有为的制度局等建议有取代大清王朝旧有国家权力机制的嫌疑，那么他为什么还要将自己绑在康有为的战车上呢？所以翁同龢选择了舍弃康有为而自保的办法。

木秀于林，风必摧之。翁同龢的政治人格似乎也并不像奕䜣所分析的那样卑鄙，但他当红的身份与权力，特别是被官场公认的"好延揽，而必求为己用，广结纳而不能容异己"的风格，必然使他在得意之时人皆畏之，而在失意之时落个墙倒众人推的结局。

人之将死，其言也善。其实，人之将死，其言也真。一个将死之人已不存在什么思想包袱，更不担心那些复杂的人际关系。所以，恭亲王奕䜣在临终关头终于向慈禧太后和光绪帝吐露了自己对朝中人物的真实看法，这些看法肯定深深影响了慈禧太后和光绪帝在后来的一些重要决策。所以说，将翁同龢免职的考虑，光绪帝和慈禧太后至少在变法维新运动1898年6月11日正式开始前的某一个时刻就已决定。他们迟迟不愿动手的原因，一是要直接考察翁同龢是否像恭亲王所分析的那样卑鄙，二是寻求适当的方式以免给清政府带来更大的损失与震荡。

5月26、27日，光绪帝当场考察了翁同龢的政治忠诚度，可惜翁师傅没有通过这次考察。不过，念在多年的师生情分上，光绪帝似乎并没有因这一次未通过就将翁师傅一棍子打死。他依然给翁师傅留下机会，期待翁师傅能够回心转意，协助自己励精图治，使大清王朝渡过难关，重建辉煌。可惜，翁师傅辜负了爱徒的期待。于是改组政府、重建新的权力运行体制的想法便由先前的酝酿进入实质性操作阶段，翁同龢的出局已成定案，至于何时进行只是在等待时机而已。

聪明反被聪明误

改组政府的想法无论在慈禧太后，还是在光绪帝那里似乎都有很久了。进入1898年，朝中大事接连不断：恭亲王奕䜣重病在身；对德、俄的交涉困难重重，不见进展；国内年青一代知识分子在康有为等激进分子的鼓动下不断向政府施加压力。旧政府实际上已没有能力去面对和处理这种困难局面，而关键人物就是恭亲王病重之后拥有极大权力的军机大臣翁同龢。外交困境按照恭亲王和当时一般官僚及公共舆论的看法几乎都认为这是翁同龢一手造成的，而翁同龢对此不仅没有丝毫悔意，反而鼓动康有为、梁启超那些年轻一代激进分子向政府施压。于是政府改组的关键点不是别的，恰恰是怎样将翁同龢赶出政府。

4月28日，安徽布政史于荫霖向清政府上奏，公开批评翁同龢，指出正是翁同龢的一系列错误导致了中国外交失败和困难重重。他强调，德国强占胶州湾的外交失误，天下人都将之归于翁同龢和张荫桓，其实张荫桓出身微贱，贪滔著名，不足深责。而翁同龢为已故大学士翁心存之子，翁心存端正虚公，为有名儒臣，翁同龢承其先训，受恩至深，夙负清望，本应忠于朝廷，忠于国家，妥善处理外交事务。然而他的作为实在令人失望。胶州湾的外交危机事关重大，本不是一两个人就可以办理好的，自应联合政府内外文武百官的智慧以谋取国家最大利益，而翁同龢外则徇德人之请，内则惑于张荫桓之言，以致今日无所措手，已一误矣。至于对日战争赔款，而翁同龢又惑于张荫桓之言，遽借英、德商款，全数交还日本，以江苏、江西、浙江、湖北四省厘金作抵。事前不与四省商量，更不问四省以后度支如何应付、民生如何保证，事定之后，一纸公文责令四省督抚照办，四省各口岸商民无不惊诧。利权既失，又失民心，是再误矣。鉴于这两大错误，于荫霖建议尽快罢免翁同龢等人，速召张之洞、边宝泉、陶模、陈宝箴等人重组政府，任以事权。这就明确将摈退翁同龢与改组政府直接结合起来了。

于荫霖的建议不能不在清政府高层引起议论，不能不引起慈禧太后和光绪帝的关切。不料一波未平，一波又起。5月17日，深受慈禧太后信任的重臣徐桐上书弹劾张荫桓在办理胶州案过程中误国、卖国，其实际攻击的矛头显然指向翁同龢。道理很简单，因为张荫桓在胶州案中只是一个配角，真正的主角是翁同龢。

同一天，兵部掌印给事中高燮曾也上书清政府，指责翁同龢主导的昭信股票流弊甚多，祸害极大。

紧接着，御史王鹏运于5月25日再上奏折，指责翁同龢是"权奸误国"，在外交、财政等各方面都犯有不可饶恕的罪过，将大清王朝推到了一个危险的边缘。他请求光绪帝和慈禧太后为大清王朝的未来着想，立即将翁同龢等人"声罪罢斥"，以弥后患而恃危局。

这一连串的弹劾奏折件件都攻击到了翁同龢的要害，几年的权臣生涯将原本受人尊敬的帝王之师的名誉彻底糟蹋，翁同龢真的要开始面对内外交困的处境了。即便光绪帝有意保他这位师傅过关，恐怕也不能不让翁同龢尽快出局。

其实，早在4月28日安徽布政史于荫霖的奏折中就已提出过政府改组的方案，他向朝廷推荐了徐桐、闽浙总督边宝泉、四川总督李秉衡、湖广总督张之洞及湖南巡抚陈宝箴等所谓"五贤"。当时一般舆论公认徐桐为"守旧党魁"，是主持清议的重要人物；边宝泉与李鸿章矛盾极深，不谈洋务，不坐轮船；只有张之洞、陈宝箴为讲究西学和力图中国富强的新人物。这些推荐虽并不完全可行，但肯定引起了清政府最高当局的注意。

与此同时，鉴于恭亲王奕䜣病情不断加重，翁同龢的势力不断膨胀，大学士徐桐在杨锐与乔树楠等人的影响下，于4月底建议光绪帝调张之洞入京取代翁同龢主持政府，以削弱翁同龢的势力和影响。徐桐的奏折引起了光绪帝的重视，但他犹豫难定，调张之洞进京加强政府固然是个好主意，但以张之洞取代他的恩师翁同龢，至少在此时光绪帝还下不了决心。于是光绪帝将徐桐的奏折转呈慈禧太后，请太后定夺。慈禧太后经过一番慎重考虑，特别是考虑到病重中的恭亲王奕䜣的一系列忠告，她很容易就接受了徐桐的建议，决定召张之洞来京陛见，准备以张之洞取代翁同龢。5月7日，张之洞奉命乘船离开武昌，15日抵达上海，准备从那里直接赶往北京。

徐桐的建议和慈禧太后的决定以及张之洞的行踪都被翁同龢所获悉。翁同龢当然不愿就此让出他的军机大臣、总理衙门大臣及户部尚书等职务，更不愿意由张之洞来取代他。于是，敏感的翁同龢与张荫桓密谋，以沙市发生教案尚未妥善处理为由，阻止张之洞入京陛见。

由张之洞取代翁同龢，从表面上看是徐桐推荐，实际上当恭亲王奕䜣病重期间，恭亲王在向慈禧太后和光绪帝分析朝中人事格局时就已提出这一主张。他当时明确告诉太后与皇上，朝中内外重臣可以信赖并在将来可以担当重任的只有李鸿章、荣禄、张之洞等几个人。而李鸿章由于最近几年承担甲午战败的"原罪"，一时尚不能让他负更多的责任，否则舆论上、民意上都很难协调。剩下的首选当然在张之洞与荣禄之间。

翁同龢设计破坏了慈禧太后和光绪帝调张之洞入京的计划，但他实际上已无力阻止改组政府的既定方针。他自以为高明的一系列愚蠢举动，实际效果却与他的主观愿望相反，只是在无意中又树立了更多的对立面而已。6月8日，刚刚料理完恭亲王奕䜣后事并对将要进行的改革略有布局的慈禧太后召见庆亲王奕劻、总理衙门大臣荣禄、军机大臣刚毅等皇族成员，商讨一些重大问题。这几个皇族出身的大臣平时就看不惯翁同龢仗势欺人的做派，对于翁同龢最近一连串的异常举动更觉得有必要向太后报告。于是他们借口皇上最近在一些问题上似乎太大胆，有意将矛头引向皇上的师傅翁同龢。

对于庆亲王等几个人的用意，慈禧太后似乎也很清楚。她指责这几位皇族出身的大臣为什么不负起自己应该负的责任，为什么不在一些最为要紧的关头设法阻止？奕劻等人同声回答道：皇上天性，无人敢拦。而刚毅做得更过分，伏地痛哭，声称奴才曾经向皇上委婉表达过类似阻止意见，但从不被接受，反而屡遭皇上斥责。

慈禧太后沉思良久，又问道，皇上敢如此做，难道是他一个人的主意吗？皇上应该和你们几个大臣商量才是啊！荣禄、刚毅闻听此言立即奏道：要说皇上不和我们商量是事实，但要说是他一个人的主意则未必。皇上所做的这些事情都是他的师傅翁同龢在出主意。刚毅又凭借着自己的特殊身份向太后哭闹，希望太后能够出面劝阻皇上的一些做法。太后答道：现在时机尚不成熟，到时候，我自有办法。

太后的办法是什么？很简单，就是坚决将翁同龢剔除出去，她在寻找一切可以利用的机会。6 月 10 日，经过连日来的秘密协商，光绪帝与慈禧太后已经就将要进行的改革和人事布局达成一致。这一天，光绪帝宣布了两项重要布局：一是宣布补授总理衙门大臣兼兵部尚书荣禄为协办大学士，并负责管理户部。补授荣禄为协办大学士，是将荣禄的地位提拔到与翁同龢一样高；荣禄负责管理户部，就是在实际上剥夺了户部尚书翁同龢的权力。同时调补刚毅为协办大学士，任兵部尚书；补授崇礼为刑部尚书。所有这些举措实际上都是一个趋向，即在张之洞暂时无法入京替代翁同龢的情况下，退而求其次，让荣禄、刚毅、崇礼等皇族成员暂时加入政府，接管权力。这明显传达出政府正在改组的信息，只是不希望这种改组震动太大，故而先任命荣禄接管翁同龢的权力，然后再寻找机会免去翁同龢的职务。这种权力交接的运作模式在政治实践中屡见不鲜。二是为了稳住翁同龢，不至于在权力交接的过程中出现意外麻烦，光绪帝命令翁同龢草拟《明定国是诏》。一切都在风平浪静中进行着。

6 月 11 日一大早，光绪帝辞别慈禧太后返回皇宫，他宣读了翁同龢代为草拟的《明定国是诏》，标志着维新变法运动正式开始。

荣禄以大学士身份兼管户部，只是处置翁同龢过程中的紧急措施，至于由谁来接替恭亲王奕訢及翁同龢两人留下的职务，清政府最高决策者仍在考虑。有一种建议是由庆亲王奕劻和荣禄主持内阁事务，前者弥补恭亲王逝世后遗留的空缺，后者代替张之洞取代翁同龢。对于这个方案，首先的反对者是荣禄本人。他认为按照大清王朝两百多年的惯例，在政府高层及中央各部中，满汉官员从来都是取平衡态势，庆亲王接替恭亲王已成事实，而接替翁同龢的，最好还是循惯例找一个汉人官员更为合适。

在当时有名望且有能力替代翁同龢的汉族官员中，李鸿章有能力、有名望，但他当时实在有点背，很难让他立即走上前台取代翁同龢；张之洞有能力、有名望，本来也是主持内阁的最佳人选，但在翁同龢的阻止下未能及时来京陛见，而棘手的沙市教案似乎也只有张之洞继续留在湖广总督任上方可放心。李鸿章、张之洞之外，汉族出身的高官可供入主内阁的人选委实不多，剩下有名望、有能力的只有时任直隶总督兼北洋大臣的王文韶。于是，清政府最高当局决策者经过周密协商，决定调王文韶加入内阁，取代翁同龢；调荣禄接替王文韶，出任负责拱卫京师、权力甚重的直隶总督兼北洋大臣。清政府新的权力布局至此终于完成，只待宣布。权重位尊的翁同龢终于像赫德所描述的那样，在一场"闪电"中被击倒了。

6月15日一大早，光绪帝在早朝时宣布了这一系列的人事变动，政府改组后的基本框架至此终于露出端倪。这也为后来改革方案的全面推展提供了前提条件，当然也为一百天后的政局变动埋下了伏笔。

袁世凯是不是"有密未告"

按照过去流行的看法，1898年戊戌变法之所以演变成"戊戌政变"，光绪帝之所以泣血瀛台、幽禁十年；康有为、梁启超等之所以流亡海外十几年；谭嗣同、康广仁、林旭、杨锐、刘光第和杨深秀六君子之所以壮志未酬，血洒菜市口，皆缘于袁世凯叛变。在指控者看来，他们的计划只有袁世凯知道。袁世凯是维新罪人，是光绪帝的仇敌，所以过了十年有摄政王载沣替乃兄报仇，将袁世凯开缺。这一系列因果报应环环相扣，不由得不信。遗憾的是，这些只是传言，不是历史。

不速之客

1898年9月18日，夜幕沉沉，新任军机章京谭嗣同独身一人步履匆匆，前往位于王府井大街北头报房胡同的法华寺，拜访投宿在那里的袁世凯。

袁世凯是甲午战后体制内炙手可热的维新人物，三年天津小站练兵成效显著功名显赫，刚刚被朝廷任命为兵部侍郎，相当于后来的国防部副部长。袁世凯此次北京之行就是为了这件事，是朝廷循任职惯例安排谈话。昨天（9月17日）上午，袁世凯已经在颐和园觐见了皇上,皇上夸他兵练得好,军事学堂办得也好,叮嘱袁世凯继续努力,甚至还说可以与顶头上司、北洋大臣兼直隶总督荣禄各办各事。

皇上的格外关照让袁世凯很亢奋。18日,依然留在北京等待更具体安排的袁世凯见缝插针相继拜访了李鸿章和庆亲王。李鸿章是袁世凯的老上司,有伯乐之恩,如果没有李鸿章早年欣赏、提携,不可能有袁世凯的今天;庆亲王是恭亲王之后满洲贵族领袖,是朝廷此时大小事务的总管家。袁世凯与李鸿章就当时日趋紧张的军事形势交换看法,分析英国多艘军舰在大沽口外游弋究竟出于什么目的。至于庆亲王,袁世凯在庆王府等到傍晚也没有见到,据说庆亲王留在颐和园参与军机,大约也是与英国军舰动向有关。

疲惫的袁世凯刚回到法华寺这个临时寓所,就收到荣禄派人送来的急件,叮嘱袁世凯留心英国军舰异动,让袁世凯尽快归队。由于袁世凯已经奉旨定于20日请训,不便立即离开北京回天津。袁世凯请幕僚起草了一个奏折说明缘由,请军机处变通安排在明天(19日)请训。

当袁世凯与幕僚正在秉烛起草奏折时,忽闻门外有人声。很快有人持名片来报,说是新任军机章京谭嗣同大人有公务来见,不候传请,谭嗣同已至会客室。

对于谭嗣同,袁世凯当然相当了解。知道谭大人既是康有为的密友,也为今上近臣,而且,谭嗣同在维新阵营中是有思想有见解有担当的,坐而言,起而行,黑白通吃。袁世凯凭经验估计,谭嗣同不请自来,行色匆匆,绝对不是简单道贺,不是一般性寒暄,必有要事相商,于是停笔出迎。

围园劫后

　　见面之后当然少不了一番寒暄，谭嗣同对袁世凯荣升兵部侍郎表示祝贺，但不容袁世凯回话，谭嗣同立即表示有密语相告。袁世凯稍感诧异，即请入内室，屏退仆役，各自略表久仰及相见恨晚等意。谭嗣同以面相之法恭维袁世凯有大将格局，又不容袁世凯客套，转而忽问袁公的请训时间是不是后天。

　　袁世凯告诉谭嗣同，原本安排请训谢恩的时间是后天，只是现在突然接到天津方面的电报，知英国兵舰数艘在大沽口海面游弋，正在准备具折明日请训，请训后即回天津。听了袁世凯的说明，谭嗣同迅即引正题，正色道："外侮不足忧，大可忧者，内患耳。"

　　谭嗣同的说法激起了袁世凯的注意，急询其故，谭嗣同说："袁公此次受到破格提拔，必将有以图报。皇上现在面临大难，非公莫能救。"袁世凯闻言失色，急忙辩白："袁某世受国恩，本应力图报称，况己身又受不次之赏，敢不肝脑涂地，图报天恩？但不知皇上难在何处？"

　　听了袁世凯的表态，谭嗣同还算满意，于是直截了当告诉袁世凯，根据他们所掌握的情况，袁公的顶头上司、直隶总督兼北洋大臣荣禄最近向皇太后献策，将行废立之谋，皇上面临巨大危险。袁公作为荣禄亲信，难道毫无觉察？袁世凯说，在军营的时候，袁某也常与荣大人晤谈。察其词意，忠君爱国，从来没有操纵废立之类的阴谋。谭大人所说闻所未闻，恐怕道听途说，不足为训。

对于袁世凯的解释，谭嗣同将信将疑。但是为了说服袁世凯，谭嗣同还是按照先前与康有为等人商定的思路，挑拨袁世凯与荣禄的关系，让袁世凯与荣禄决裂，为己所用。谭嗣同说：袁公固然是光明磊落的人物，但荣禄此人极其狡诈，他表面上对袁公信任有加，甚至让别人都觉得对你不错。其实，根据我们所掌握的情况，荣禄在内心深处对袁公猜疑、防范甚多。一个最简单的例证，袁公辛苦这么多年，劳苦功高，成就显著，中外钦佩，但去年袁公仅仅晋升了一级，这是什么原因？说白了，就是荣禄故意抑制你。

在接下来的谈话中，谭嗣同告诉袁世凯，南海康有为先生对你一直不错，曾在皇上面前保荐过你，但皇上表示曾听皇太后提及你，只是荣禄常常说袁世凯飞扬跋扈，不可重用。皇上对此也很纳闷，以为袁世凯办事甚为明白，但为什么总有人说他不可重用呢？谭嗣同以天子近臣的身份告诉袁世凯，你袁世凯这一次被破格提升，不知皇上为你费了多大劲。谭嗣同当然不是要和袁世凯侃大山，他的目的就是要袁世凯设法救皇上。问题在于，袁世凯根本不相信荣禄谋反弑君，不相信政治高层会发生这样的非常政变。袁世凯的犹疑不决逼着谭嗣同拿出真凭实据，好像谭嗣同也早已想到了这一点。谭嗣同遂从衣兜拿出一张纸片，但见上面写着：

荣禄谋废立弑君，大逆不道，若不速除，上位不能保，即性命亦不能保。袁世凯初五请训，请面付朱谕一道，令其带本部兵赴津，见荣某，出朱谕宣读，立即正法。即以袁某代为直督，传谕僚属，张挂告示，布告荣某大逆罪状，即封禁电报局、铁路，迅速载袁某部兵入京，派一半围颐和园，一半守宫，大事可定。如不听臣策，即死在上前。

很显然，这张纸片是谭嗣同写给皇上的报告，至于是否送上去，皇上是否有批复，谭嗣同并没有说。久经沙场的袁世凯应该说见过世面，但这张小字条看得他大汗淋漓心惊肉跳。袁世凯心中暗想，此类据兵谋反的主意，才是真正的大逆不道，罪大恶极。他不禁反问谭嗣同：谭大人建议派兵包围颐和园，意欲何为？

谭嗣同说，慈禧太后是最大的祸首与罪魁，不除此老朽，国不能保，政不能改，皇上无权，一切都无从进行。不过，这件事不需劳袁公大驾，自有谭某另外安排，袁公不必过问。

剑拔弩张

慈禧太后是当时中国实际上的最高领导者，谭嗣同等人竟然准备对慈禧太后动手，这件事实在是非同小可。袁世凯深知，多年训练与影响，慈禧太后的地位不仅在内外大臣心目中至高无上，即便是一般士兵，也对皇太后怀有无限崇拜与景仰，以这种军队去捕杀皇太后，根本就不能成功。袁世凯坦率告诉谭嗣同：皇太后听政三十余年，迭平大难，深得人心。袁某带兵，常以忠义为训诫，如令以作乱，不必可行。

谭嗣同对袁世凯的担忧不以为然，他自信地告诉袁世凯："我雇有好汉数十人，并电湖南召集好将多人，不日可到，去此老朽，在我而已，无须用公。但要公以二事：诛荣某、围颐和园耳。如不许我，即死在公前。公之性命在我手，我之性命亦在公手。今晚必须定议，我即诣宫请旨办理。"

既然谭嗣同把话说到这个份儿上，袁世凯已无退路可言。

但毕竟此事太过于重大，除了恐惧之外，也必须冷静面对。久经沙场、见过世面的袁世凯并没有被谭嗣同逼到死角，他从容告诉谭嗣同："此事关系太重，断非草率所能定。今晚即杀我，亦决不能定。且谭大人今晚请旨，上亦未必允准。"谭嗣同告诉袁世凯："袁公不必担心，谭某自有挟制之法，必不能不准。后天早上袁公请训谢恩时定有朱谕一道面交袁公。"

据袁世凯事后描述，由于当时他看到谭嗣同气焰凶狠，类似疯狂，然谭嗣同毕竟是天子近臣，又不知有何来历，如此时明白拒绝，肯定翻脸，谭嗣同或许真敢"即死在"这儿，至于还会发生什么事情，袁世凯想都不敢想。他此时唯一能做的，就是设法推宕，不节外生枝，不过度激怒谭嗣同。袁世凯的推宕理由是：天津为各国聚处之地，若忽杀直隶总督，中外官民必大讧，国势即瓜分。且北洋有宋庆、董福祥、聂士成各军四五万人，淮练各军又有七十多营，京内旗兵亦不下数万，袁某统领的新军不过七千人，出兵至多六千，如何能办此事？恐在外一动兵，而京内必即设防，还没有等到袁某领兵开拔，皇上可能就将陷入危险境地。

谭嗣同似乎意识到袁世凯的推宕之意，他直截了当告诉袁世凯，这些理由都不成立，前提是袁公必须以迅雷不及掩耳之势给对方措手不及。待袁公动手，即将朱谕分发诸军，布告天下，照会各国，看谁还敢乱动？

确实，如果真照谭嗣同设想这样做，谁敢反对？这又将袁世凯逼到死角。袁世凯眉头一皱计上心来，他说："本军粮械子弹均在天津营内，小站存者极少，必须先将粮弹领运足用，方可用兵。"

对于袁世凯的实际困难，谭嗣同也略表同情。他说："可请皇上先将朱谕交给存收，俟布置妥当，一面密告我日期，一面动手。"从这段话分析，谭嗣同等人虽然在预案中意识到政局可能会发生转变，但似乎并没有恶化到必须立即发动，似乎还有从容准备的时间。

谭嗣同的建议又引起袁世凯新的疑虑，他说："我袁某万不敢惜死，恐或泄露，必将累及皇上，臣子死有余辜，一经纸笔，便不慎密，切不可先交朱谕。谭大人先回，容袁某熟思，布置半月、二十日方可复告谭大人如何办法。"

对于袁世凯有意拖延，谭嗣同当然不会同意，他和康有为、梁启超等人先前似乎考虑到这一点而有所准备，他一面告诉袁世凯："皇上意甚急，谭某有朱谕在手，必须即刻定准一个办法，方可复命。"一面从容拿出一份所谓朱谕。此份朱谕为墨笔所书，字甚工，亦很像今上口气，大意谓：朕锐意变法，诸老臣均不顺手，如操之太急，又恐慈圣不悦，饬杨锐、刘光第、林旭、谭嗣同另议良法。

显然，这份朱谕只是一个抄件，不是皇上手迹、亲笔。这可疑的朱谕引起了袁世凯的联想，他以为即便这份朱谕为真，其大概语意一若新任四军机章京请求皇上急变法，而皇帝设婉辞以却之者而已。于是袁世凯就此向谭嗣同提出疑问："此非朱谕，且无诛荣禄、围颐和园之说。"谭嗣同答："朱谕在林旭手，此为杨锐抄给我看的，确有此朱谕，在三日前所发交者。林旭等极可恶，不立即交我，几误大事。谕内另议良法者，即有二事在其内。"

缓兵之计

谭嗣同的解释是真诚的，但由此可知第一，他并没有亲眼看过皇帝谕旨原件；第二，由于他的真诚，也使极富政治经验的袁世凯看到了谭嗣同及其背后那些人作伪的痕迹，从而使袁世凯可以更加从容应对此事发展，他已经没有谭嗣同刚到时的恐惧了。他告诉谭嗣同："青天在上，我袁某断不敢辜负天恩。但恐累及皇上，必须妥筹详商，以期万全，袁某无此胆量，决不敢造次为天下罪人。"实际上，袁世凯拒绝与谭嗣同等人合谋。

对于袁世凯的态度，谭嗣同心知肚明，但既然已将所有计划向袁世凯和盘托出，谭嗣同只好继续使用挟制办法对付，他再三催促袁世凯立即召开会议，拟订详细计划，以待谭某向皇帝汇报。谭嗣同越说越愤怒，几至声色俱厉，情绪异常。袁世凯看到谭嗣同腰间衣襟高起，似有凶器，于是知谭嗣同不从他这里得到准确回答决不会轻易离开。稍加考虑，袁世凯告诉谭嗣同：按照计划，皇上、皇太后很快将巡幸天津，等到那时，军队成集，皇上下一寸纸条，谁敢不遵，又何事不成？袁世凯的这个说法当然有理，不过谭嗣同说，现在形势危急，恐怕等不到皇上巡幸天津，就会被废黜。对此，袁世凯宽慰道：不会的。既然朝廷宣布让皇上巡幸天津，必不致出尔反尔，发生意外。他劝谭嗣同不要胡思乱想操之过急。谭嗣同再问：假如朝廷届时取消了这次巡幸，那么有什么办法补救吗？

袁世凯说：巡幸天津，已经筹划很久了，花费也不少了。假如一定发生这样的事，袁某一定请荣禄出面力请皇太后和皇上，可以保证巡幸天津不会中止。此事在我，谭君尽可放心。谭嗣同说："报君恩，救君难，立奇功，建大业，天下事入公掌握，在于公；如贪图富贵，告变封侯，害及天子，亦在公；惟公自裁。"袁世凯闻言而怒，信誓旦旦指天发誓：谭大人以为我袁某何人？我袁氏三世受国恩深，断不致丧心病狂，贻误大局，但能有益于君国，必当死生以之。听了袁世凯这番话，谭嗣同方才释然，以为袁世凯是奇男子、大丈夫，作揖致敬，赞叹不已。

有了谭嗣同初步信任，袁世凯说：谭君与袁某素不相识，黉夜突来，袁某随身员弁必生疑心，设或露泄于外人，将谓我们有密谋。因谭君为近臣，袁某有兵权，最易招疑，谭君可从此称病多日，不可入内，亦不可再来。对于袁世凯的这些交代，谭嗣同甚以为然，谈话气氛开始转变。

接下来，袁世凯问两宫不和，其因何在？谭嗣同对："因变法罢去礼部六卿，诸内臣环泣于皇太后之前，纷进谗言危词，怀塔布、立山、杨崇伊等曾潜往天津，与荣禄密谈，故意见更深。"

对于谭嗣同的说法，袁世凯未置可否，他的看法是，既然如此，谭君何不请皇上将必须变法实际情况向皇太后做个详细汇报，并遇事请示，多听皇太后的意见呢？至于礼部六卿谭君不妨方便时建议皇上让他们官复原职，或另行安排。当此改革关头，一定要稳妥第一，易顺舆情，未可操切，有些事，一时条件不具备，宁愿缓办，也不能操切从事，亟亟如此，致激他变。袁世凯似乎很愿意与谭嗣同谈论改革大势与方略。不料，谭嗣同闻言而道："自古非流血不能变法，必须将一群老朽全行杀去，始可办事。"

如此血淋淋话语给袁世凯极大心灵震动，他在内心深处实在是无法认同于谭嗣同的想法与做法，他觉得谭嗣同等人"志在杀人作乱，无可再说"，且夜色已晚，遂托辞还要赶着写奏折，恭请谭嗣同离去。

想象、误判与抓狂

谭嗣同离开法华寺，直接去了东华门附近金顶庙容闳寓所。按照先前约定，康有为、梁启超等人都在那里等消息。

康有为等人盼星星盼月亮地等来了谭嗣同，谭嗣同向他们详细介绍了与袁世凯的交涉情形。谭嗣同个人判断肯定不是那么乐观，他认为，袁世凯不可能听从他们的建议举兵北上清君侧，不可能扑杀荣禄，不可能举兵包围颐和园、协助劫持皇太后。他们先前错误估计了袁世凯的觉悟，错估了袁世凯对皇上的忠诚，高看了袁世凯的决断、胆识和判断力。

对于谭嗣同的归纳和判断，康有为、容闳和梁启超等人似乎都能认同，问题在于，现在既然已经发动，既然已将秘密告诉了袁世凯，那么下一步究竟应该怎么办？康有为可以按照原先计划，接受朝廷安排前往上海，以钦差大臣身份接管《时务报》，那么北京方面怎么办？皇上怎么办？难道就听任那些守旧势力发动政变囚禁皇上，推翻新政吗？

一百年之后，我们可能会嘲弄康有为等人迂腐和疑神疑鬼，但是放在当年我们又不能不佩服他们的赤胆忠诚、无私无畏。他们不知道慈禧太后和光绪帝的真实关系，他们不知道1898年政治变革之所以能够启动，就是因为有皇太后撑腰、掌舵，他们错误地以为改革如此艰难是因为皇太后支持一批守旧大臣专门捣乱。总之，康有为等人用想象代替真实，然后再用想象进行推动。

在容闳寓所谈话时，康有为、梁启超、谭嗣同等人深深的失望感动了容闳。容闳建议由他出面请求美国驻华公使进行外交干预，以避免慈禧太后真的如康有为所预测的那样将皇帝废黜。然而康有为等人认为，美国并没有在中国或周边驻有军队，没有军事上的压力，仅仅凭借外交手段根本无济于事，反而白白浪费时间，于是他们谢绝容闳的好意。

容闳的好意无法执行，但这一思路无疑启发了康有为，使康有为觉得既然美国公使手中无兵，干预无力，那么手中拥有相当军事力量的英国、日本或许有办法干预此事。于是康有为在稍事休息几个小时后，于9月19日上午9时拜访李提摩太，希望通过李提摩太说服英国公使出面干预。

对于康有为所描述的光绪皇帝可能的处境以及中国的黯淡未来，李提摩太深表同情，然而他不过是一个传教士，他虽然与英国公使有相当多交往，但毕竟英国公使窦纳乐此时正在北戴河避暑。远水解不了近渴，康有为只好放弃向英国公使的求救，转而寻求正在中国访问的日本前首相伊藤博文。

下午三时，康有为来到伊藤博文寓所，两人进行了长达三个小时的谈话。但康有为担心清政府可能会指责他"假权外人"，故而改变谈话策略，不再像与李提摩太的谈话那样请求伊藤博文"救援"皇上，而是转为"请其说太后而已"，即请伊藤博文在觐见慈禧太后时，尽最大可能为光绪帝及康有为等人说情，尽量以客观公正的姿态向慈禧太后说明光绪帝和他康有为及那些维新志士并没有其他用心，他们的所有作为都是为了大清王朝的根本利益，为了中国未来。

按照这个策略，康有为确实说服了伊藤博文，伊藤几乎全部答应了康的请求，答应如果能够见到慈禧太后，他一定尽其所能劝说慈禧太后，尽力化解两宫之间的误会。可惜的是，伊藤博文最终并没有见到慈禧太后，他的这种承诺实际上并没有发挥作用。

几个小时的紧张谈话结束后，暮色已晚，待康有为出城回到南海会馆时，他突然发现南海会馆"屋室墙倾覆"。这不同寻常的变化自然增加了康的疑虑，也更坚定了他离京出走的决心。

康有为悄然出走是 1898 年政治转折的关键，他如果继续坦然待在北京，估计事情不会发生；他如果光明磊落以钦差大臣身份堂堂正正前往上海，历史也必将改写，他在深更半夜悄然离京，仓皇出逃，既说明了自己的心虚，也暴露了问题。

文人不足以谋

根据康有为的解释，他之所以仓皇出逃，主要是因为他们觉得经过谭嗣同夜访袁世凯，全盘托出了借助武力打破僵局的计划，是巨大失算。他们先前的密谋，基本局限在一个小圈子里，现在多出了一个袁世凯，不但袁世凯不同意，而且袁世凯还是体制内刚刚提拔的高官。他们开始心神不定、疑神疑鬼，都因为袁世凯不是自己圈子里的人，所以认定袁世凯一定会告密。

其实，康有为等人估计完全错了。正因为袁世凯不是康有为圈子里的人，袁世凯对这个政变计划依然所知有限，他只知道谭嗣同让他捕杀荣禄，派兵包围颐和园。这两件事，也只是谭嗣同随口说说，没有文字，没有录音。即便袁世凯要告密，他怎么能空口无凭胡说八道？更何况，袁世凯并不是长舌妇，不是大嘴巴，谭嗣同看得起自己来说说想法，自己就去汇报，就去告密，这在官场如何相处呢？

实事求是说，谭嗣同走后，袁世凯并没有将这件事当作什么事，他虽然在第二天请训时表达过自己对时局的忧虑，甚至建议皇上不妨请老成持重的大臣如张之洞主持改革。但这些建议并非因谭嗣同来访而想到，这实际上是当时许多人的共同看法。

请训结束，袁世凯直奔火车站。抵达天津，太阳已经落山。袁世凯没有急着赶回小站，他前往直隶总督府找荣禄销假，顺便谈谈英国军舰动向，谈谈北京见闻。袁世凯在汇报中夸奖皇上圣孝，但有群小结党煽惑，谋危宗社，所以必须设法保全皇上以安天下。袁世凯尚未将全部情况讲完，有人来谈其他事务，袁世凯拖至很迟仍找不到机会继续谈此事，于是只好先行告辞，约明日再说。

袁世凯之所以没有打断别人的谈话而继续已经说到的话题，显然是因为他认为谭嗣同夜访及其所谈情况虽然重要，但谭嗣同、康有为等人毕竟只是一群书生，如果不能获得他袁世凯或其他军方人士的支持，他们在北京根本没有能力发动大的政治行动，更不要说是杀荣禄、围谋颐和园、劫持皇太后了。所以，袁世凯并不认为局势已经到了非常危险的阶段，不认为谭嗣同所讲的事情即将发动。

第二天（9月21日）一大早，已经知道一些大概但并不清楚详细情况的荣禄迫不及待地"枉顾"袁世凯处详谈一切。出于自己职责方面的责任和作为大清王朝命官的道义感，袁世凯似乎比较如实地向荣禄描述了谭嗣同夜访的全过程以及自己的看法。由于谭嗣同夜访主题是杀荣禄、围颐和园，所以袁世凯在描述过程中不时向荣禄重申这只是谭嗣同、康有为等"群小结党煽惑"，他们只是利用了皇帝对他们的信任，打着皇帝招牌招摇撞骗，所谓杀荣禄、围谋颐和园等并不代表皇帝的意思，甚至可以有把握地说，皇帝对于这些阴谋并不知晓。

按照谭嗣同的说法，他们之所以执意要杀荣禄，是因为荣禄参与了废立阴谋。对于这些指控，素来沉着的荣禄大惊失色，大呼冤枉："荣某若有丝毫犯上心，天必诛我。近来屡有人来津通告内情，但不及今谈之详。"

如果说荣禄此前没有丝毫犯上之心的话，但当他听了这么多内幕新闻，尤其是康有为、谭嗣同等把他作为犯上作乱罪魁祸首时，袁世凯相信，也不能不开始怨恨今上。为宽慰荣禄，也为保护皇上，袁世凯向荣禄明确表示：所谓杀荣禄、围谋颐和园的计划与皇上毫无干涉，如累及上位，我袁某唯有仰药而死。

事情已经很明白了，但是怎样处理这件事情，却也使荣禄、袁世凯费脑筋。他们筹思良久，亦无善策。不料至傍晚，却从北京传来慈禧太后重新训政，以及缉拿康有为、康广仁兄弟的电报。也就是说，尚未待袁世凯、荣禄动手，北京方面已经发动，控制了局势。这就意味着，尽管袁世凯不赞成谭嗣同的极端举动，尽管袁世凯出于道义上、君臣名分上曾向皇上有所暗示，并毫无保留地向荣禄汇报，但这些暗示与汇报在实际的政治运转中并没有发生作用，那么所谓由袁世凯告密而引发戊戌政变的指控就很难成立。至于政变究竟是怎样发生的，那是另外一个问题了。

真假"衣带诏"

1898年9月，中国政治大逆转，谭嗣同、康广仁、杨锐等六君子血洒菜市口，康有为、梁启超等流亡海外，轰轰烈烈的维新运动戛然而止。

在流亡海外那些年，支撑康有为及其追随者精神的是一份文件，这个文件被康有为称为"衣带诏"，随身携带，犹如"衣带"。康有为说，这是皇上给他的诏书，命令他逃出北京，从长计议，想法勤王。"衣带诏"是康有为此后十年政治合法性的唯一凭据，也是海外爱国华侨拥戴康有为的理由。

对于康有为的说辞，清政府并不认同，不止一次大骂康有为胡说八道。但是，康有为照样我行我素。他的解释是，朝廷之所以这样说，是因为皇上不仅没有说话的自由，而且没有不说话的自由。

"衣带诏"确实存在

在专制体制下，信息不公开不透明是把双刃剑，民众不知道宫廷内幕或许有助于社会稳定。但是人类之所以为人类，就是因为多了一些思考，多了对未知事物的好奇，信息不对称必然让人们施展聪明才智竞相猜谜。在过去一百年，康有为等人毕竟因"六君子"丧命而获得道义同情，清政府特别是慈禧太后毕竟因1895年后一系列重大事变，特别清亡而成为革命党、维新派攻击对象，百口莫辩。于是人们对于光绪帝那些斥责康有为的谕旨往往不太信任。

这显然是不合乎历史真实的。两宫之间或许有过某些不一致，但两宫在最后十几年绝对没有康有为所宣扬的那样不可调和，不共戴天。至于光绪帝"瀛台泣血"更是一个虚假的悲情故事，否则就无法理解晚清最后十几年的政治变革。不过，也必须承认，康有为手持的"衣带诏"虽说不是原件，但也绝对不是毫无来历的谎言，更不是康有为的捏造。因为清政府尽管一再斥责康有为在海外招摇撞骗，但从未明确认定这份"衣带诏"为伪造，是赝品。

"衣带诏"确有其事，这一点光绪帝是清楚的。只是这个"衣带诏"究竟是通过什么渠道转到了康有为手里，由于相关人员都不在了，光绪帝也弄不清楚了。这是百年来聚讼纷纭的一个重要原因。

朝廷说不清楚"衣带诏"究竟是怎么演变成这个样子的，康有为也说不清楚究竟是怎样一回事。但有一点可以肯定，当别人指责康有为招摇撞骗伪造"衣带诏"时，他很坦然，因为他确实没有伪造"衣带诏"，这份文件确实渊源有自，只是碍于现实政治复杂性，康有为没有办法说出"衣带诏"来历，或者他也真的不知道"衣带诏"的来历和背景。他能说清的只有一点：他没有伪造这份文件。

一百多年过去了，我们今天能够看到的资料远远多过光绪帝、康有为，我们逐渐有条件依据新旧史料弄清"衣带诏"缘起及其演变轨迹。

两宫冲突

光绪帝确实颁发过一个密诏，只是这个密诏并不是直接颁给康有为的，而是赐给军机章京杨锐的。杨锐在1898年秋天被杀，他将这份密诏交家人保存，条件成熟时交给朝廷，争取平反。但对光绪帝为什么要赐给杨锐这份密诏，许多人不清楚。

如果从头说起，光绪帝主导的1898年新政虽说引起了许多官场震荡，但大致上说还在可控范围，并没有引起政治危机。只是随着新政深入，光绪帝越来越认同创设一个新政治机构负专责。

9月13日，光绪帝决心于内廷设置懋勤殿，选聘东西洋各国政治专家共议制度，统筹全局。这一天，光绪帝特派内侍持《历朝圣训》等图书送给谭嗣同，命谭查考雍正、乾隆、嘉庆三朝设置懋勤殿故事并拟一上谕，以便其持此赴颐和园面见慈禧皇太后相与讨论。

重设懋勤殿以议新政在光绪帝是出于对大清王朝未来命运的真诚考虑，但在另外一些推动者那里则未必不包含有某种其他目的。谭嗣同对新政改革怀有至诚之心，但守旧势力庞大使他对新政前途越来越灰心。为了冲破守旧势力束缚，他是四位新进军机章京中最"亟亟欲举新政"者，他利用与光绪帝近距离接触特殊条件"日言议政院"。

代拟谕旨是军机章京的职责，但此次代拟对谭嗣同来说却引起了极大的心灵震撼。他由此感到两宫关系可能确如康有为所认知的那样并不谐调，皇上的权力并不像所感觉的那样至高无上，真实情况可能是大权依然掌握在皇太后手里，光绪帝不过是一个政治傀儡而已，"今而知皇上之真无权矣"。退朝后，谭嗣同将这种感觉告诉了康有为等人，并透露了代拟谕旨的事情。

谭嗣同的感觉并没有传染给康有为，更没有影响康有为的情绪。与谭嗣同感觉相反，康有为觉得既然皇上已下令代拟上谕，既然准备将这份上谕向皇太后提出，那么可见光绪帝已下定决心，帝后之间最终摊牌即将到来。于是康有为在当天以御史宋伯鲁名义拟《请选通才以备顾问折》，推荐黄遵宪、梁启超二人为顾问。

康有为代宋伯鲁拟就推荐奏折后仍不放心，于是日（9月13日）午后，面有喜色找到王照与徐致靖，信誓旦旦声称谭嗣同已请皇上开懋勤殿，用顾问官十人，业已商定，但须由外廷推荐，并将此十人名单出示，要求王照、徐致靖二人立即拟折。

王照表示正在起草一份奏折，无法分身起草推荐折。康有为闻言不悦，暗示皇上业已说定，欲今夜见荐折。不得已，王照、徐致靖放下手头事情，分别缮写两份推荐折。王照参照康有为的名单推荐了康广仁、徐致靖、宋伯鲁等六人；徐致靖参照康的名单推荐了康有为等四人。是日夜，这两份奏折分别呈递清政府。

王照、徐致靖两份推荐奏折虽然递上去了，但由此却也暴露了康有为建议设懋勤殿在很大程度上具有私心，这样明目张胆要求别人保荐自己，即便过程如何保密，也不免引起各方猜疑。军机章京杨锐对康有为这些做法不以为然，对康有为开懋勤殿的建议以为是私心作祟，预感如此猖狂势必引起激烈反弹，于大局极不利。

康有为欲于既有体制外另行成立议政中心的目的被政治大佬看得一清二楚，这些大佬出于自身利益及王朝利益考量，无论如何也不会让这一计划得逞。这些反对意见肯定影响了光绪帝，所以当光绪帝第二天前往颐和园时，只是将王照、徐致靖两份保荐奏折交军机处"记名"，作了一个简单登记。

从皇帝方面说，9月14日这一天和往常一样，他按计划在乾清宫召见北洋水师学堂总办严复后，至颐和园乐寿堂向慈禧太后请安。

这一天对皇太后来说不同寻常，因为几天来被革职的礼部尚书怀塔布夫妇利用与总管内务府太监李莲英的特殊关系不停顿地向皇太后哭诉自己的委屈，离间两宫关系，称"皇上为左右荧惑，变乱朝政，求老佛爷作主"。那些被怀塔布收买的大小太监可能因为新政改革最终将侵害他们的利益，他们随着怀塔布夫妇在皇太后面前肆意诋毁新政改革。

怀塔布，叶赫那拉氏，满洲正蓝旗人，1896年调任礼部尚书，老资格满洲政治家，所以当新政开始后，怀塔布几次故意刁难，出面反对。9月4日，光绪帝借礼部主管无故扣压王照上书为由，将怀塔布等礼部六堂官一并革职。被革职后的怀塔布并没有心服，第二天就赶赴天津，向时任直隶总督兼北洋大臣，也可以说是当时满洲贵族掌门人荣禄哭诉。

光绪帝小题大做将怀塔布等礼部六堂官一并革职，并由此而提升汉人任军机章京，这确乎应了古人"小不忍则乱大谋"的训诫，将那些原本并非坚定反改革的力量一律推到了对立面。怀塔布太太在皇太后面前不断陈说的是担心皇帝如果这样一味听信汉人进行改革，其最终后果必然是"尽除满人"。

怀塔布等人的哭诉引起了皇太后的不安，所以当她见到皇儿稍事寒暄后，就开始讨论这些事情。皇太后承认怀塔布之类满洲贵族政客确为"老谬昏庸之大臣"，但出于政治考量，她劝告皇帝在人事处理上不可操之过急，不要将此辈老臣轻易罢黜，不要将那些年轻汉臣提拔到高层，更不能改变大清既成体制，由这些所谓"通达英勇之人"去议政。皇太后担心，如果一味在人事进行变动，那么极有可能因此而失去人心，特别是失去满洲贵族信任。果如此，满洲贵族所组成的"寡头政治集团"就不可能对现有皇权中心继续支持。

对于皇太后的指责与劝诫，光绪帝有些能接受，有些不免有解释与辩白。他的这些解释与辩白不仅不能说服皇太后，反而激起皇太后愤怒。这正好验证了几天来怀塔布等人在她面前的那些离间。于是皇太后毫不客气批评光绪帝："小子为左右荧惑，使祖宗之法自汝坏之，如祖宗何？"

皇太后的愤怒勾起了光绪帝满腹委屈，他边哭边说："时事至此，敌骄民困，不可不更张以救，祖宗在亦必自变法。臣宁变祖宗之法，不忍弃祖宗之民、失祖宗之地，为天下后人笑，而负祖宗及太后之付托也。"

密诏诞生记

两宫 9 月 14 日言语冲突仅在政策层面，不会因此影响母子感情。光绪帝虽然当面辩解、顶撞，但回到寓所就有所反省。他虽然对皇太后的误解感到委屈，但他依然认为皇太后是大清的靠山，是王朝政治的最后把握者，他期待有重臣能从中斡旋，期待皇太后在明了真相后给予谅解。他曾设想请满洲贵族最有权势的重臣出面协调，向皇太后解释他之所以如此不顾后果推动新政的苦衷。可惜的是，满洲贵族最具权势的恭亲王奕䜣已去世，而庆亲王奕劻已与皇太后疏远，端王载漪等王公大臣对新政多有不同看法，指望他们进行解释只能越描越黑。至上的皇帝成了孤家寡人。无奈中只好求助颇通世故人情的杨锐，希望杨锐能为他出个主意。

光绪帝之所以看重杨锐，主要是因为杨锐在新任军机章京中最为持重与稳健，而且具有张之洞的背景，是张之洞重要亲信之一。而张之洞是皇太后最信赖、倚重的汉臣。所以，当光绪帝考虑寻找满洲贵族重臣出面协调与皇太后关系无法实现时，他想找杨锐谈谈，这其中未尝不具有请张之洞出面的意思。

杨锐与皇帝见面细节已不可能复原了，时间应在两宫言语冲突第二天。当皇帝将自己的意思、心情描述出来，请杨锐出主意想办法，不料却遭到杨锐断然拒绝。杨锐告诉皇帝："此陛下家事，当与大臣谋之。臣人微言轻，徒取罪戾，无益也。"持重的杨锐知道大清王朝历来规矩，他不愿因此而介入清政府内部纠纷。他觉得凭借皇帝自己努力，按大清成例，由满洲贵族内部协调，应该不难化解两宫心结。

杨锐的拒绝主要基于对旧体制的恐惧，清政府旧例严格禁止官员议论、介入皇族内部纠纷，特别是汉臣更无权干预皇族事务。这是体制使然。或许为了克服杨锐这一恐惧心理，光绪帝特别向杨锐下了一道密诏，以便杨锐将来不幸因此获罪时能得到解脱。这应该是光绪帝 9 月 15 日密诏的背景与原因，否则他们既然当面谈过，何须密诏？

这份密诏在当时并不为人所知。可以肯定地说，林旭、康有为、梁启超等都没有看到这份密诏原件。政变后，康有为、梁启超等转述这份密诏文字之所以不同，并不是康有为等有意窜改，而是他们确实没有看到过这份密诏原件，只是听杨锐转述而已。这份密诏只是光绪帝留给杨锐的一个凭据，只是为了以防万一。密诏原文如次：

> 近来仰窥皇太后圣意，不愿将法尽变，并不欲将此辈老谬昏庸之大臣罢黜，而登用英勇通达之人，令其议政，以为恐失人心。虽经朕累次降旨整饬，而并且有随时几谏之事，但圣意坚定，终恐无济于事。即如十九日朱谕，皇太后已以为过重，故不得不徐图之，此近来之实在为难情形也。朕亦岂不知中国积弱不振至于贴危，皆由此辈所误。但必欲朕一旦痛切降旨，将旧法尽变而尽黜此辈昏庸之人，则朕之权力，实有未足。果使如此，则朕位且不能保，何况其他？今朕问汝，可有何良策，俾旧法可以渐变，将老谬昏庸之大臣尽行罢黜，而登进英勇通达之人，令其议政。使中国转危为安，化弱为强，而又不致有拂圣意？尔等与林旭、谭嗣同、刘光第及诸同志等妥速筹商，密缮封奏，由军机大臣代递，候朕熟思审处，再行办理。朕实不胜紧急翘盼之至。特谕。

明发谕旨

杨锐没有意识到 9 月 14 日帝后冲突有多严重，更没有预见这份密诏会在后来政治发展中起到重要作用。所以，当他与皇帝当面检讨新政以来所有举措得失时，似乎也觉得皇太后某些指责有道理，光绪帝过于听信康有为过激主意而采取一系列重大举措，诸如罢黜大臣、提升新锐等，已超出官场承受极限。针对皇上的问题，杨锐作了三点回应：

一、建议重建皇权中心权威，由皇太后郑重其事举行一次授权仪式，亲挈天下以授皇上；皇上应确认皇太后至上地位，同意皇太后拥有政治决策最终否决权，应宜遇事将顺，行不去处，不宜固执己意。

二、建议对所有改革方案通盘考虑，宜有先后，宜有次第，不能再如过去那样，新政诏书联翩而下，臣民目不暇接，虽获得一些舆论表面支持，而实际效果极差。

三、建议在新政推行期间进退大臣不宜太骤，以免引起不必要纠纷与反弹。杨锐相信，光绪帝如能在这三个方面有所改善，其与皇太后的关系并不难协调，新政困难不难克服。

鉴于光绪帝一系列失误的主要原因都是因为偏听偏信了康有为激进主义，杨锐建议光绪帝一定要尽快与康有为切割，脱离关系，不要因康有为而贻误王朝政治前途。杨锐的原话是："康不得去，祸不得息。"

康有为激进主张深刻影响了新政以来一系列决策，这在当时是一个公开秘密。康有为个人急于介入政治高层的野心几乎没有任何掩饰，这在高层已引起相当震动。相信这些议论也会传到皇太后耳朵里，皇太后当面劝诫皇帝不要急于提拔那些未经考验的年轻汉臣，实际是专门针对康有为等人的。许多传闻都表明皇太后确认康有为"毒化了"皇帝的思想，挑拨两宫，紊乱朝政，非君谤上，建议皇帝对康有为采取决断措施。

这一系列外在影响已使光绪帝对康有为有所警觉，此次一经杨锐点破，更促使光绪帝猛醒。光绪帝在与杨锐谈话第二天，即9月16日依然驻跸颐和园，相信他在与皇太后相处中肯定会谈到这些问题。

康有为是推动新政的有功人士，他的一些活动引起高层反感，也引起了光绪帝疑虑，但毕竟此时没有抓住康有为什么把柄。为了面子，为了不动声色平息高层不安，经两天郑重考虑及协商，光绪帝于9月17日即召见杨锐后第三天"明降谕旨"：

> 谕。工部主事康有为，前命其督办官报局，此时闻尚未出京，实堪诧异。朕深念时艰，思得通达时务之人与商治法。康有为素日讲求，是以召见一次，令其督办官报，诚以报馆为开民智之本，职任不为不重。现筹有的款，著康有为迅速前往上海，毋得迁延观望。

这份明诏给康有为留足了面子。可惜的是，这份明诏在不同解读者那里却引起不同回应。康有为多年后依然以为这份明谕表明政变已发生或即将发生：

明诏敦促我出京，于是国人骇悚，知祸作矣。以向例非大事不明降谕旨，有要事由军机大臣面传谕旨而已。至逗留促行一事，非将帅统分逼挠，无明降谕旨之理，况吾为微官，报亦小事，何值得明发上谕？既严责诧异，便当革职，何得谓欲得通达时务之人与商治法，闻康有为素日讲求，反与奖语耶？又，上召见臣工，无烦自明，乃声明召见一次，亦从来未有之事，故国人皆晓然。

康有为的疑惑是有道理的，这些理由也都成立，但他不知道决策内幕。即便他知道皇太后对他的反感以及光绪帝对他的爱护，他的偏见也促使他不能正视这一反常的"明降谕旨"，不能作出相应的正确判断。

林旭口传谕旨

让康有为迅速离开北京是杨锐 9 月 15 日的建议。在张之洞影响下，杨锐早就对康有为政治激进主义表示反感，对光绪帝偏听偏信将礼部六堂官集体革职觉得太过。对两宫关系，杨锐不愿偏袒任何一方，他以为两宫说到底是母子之间家务事，作为臣子应为皇权中心贡献心智，决不能挑拨两宫矛盾。

基于这些考量，杨锐在与光绪帝讨论了相关问题后，于当日（9 月 15 日）黄昏时分急邀林旭到自己寓所交换看法。林旭与康有为关系最接近，与杨锐关系也不错，且为同僚。

作为老大哥，杨锐对林旭过于听信康有为偏激主张提出批评，责备甚切。可以相信，在交换看法过程中，杨锐将光绪帝给他的密诏交给林旭过目，以加深信任，使林旭能引起足够重视，适当劝告康有为不要如此激烈。

对于杨锐的批评，林旭默然无声，表示接受。按照计划，林旭将于 9 月 17 日谒见皇帝。杨锐劝告林旭最好与康有为保持距离。这是杨锐急于找到林旭通报情况的原因。林旭获得杨锐相关通报当天（9 月 15 日），已没有时间再向康有为通报。他们讨论的结果是，问题虽然很严重，但并不是没有办法转危为安。他们的一致看法是，只要康有为迅速离开北京，大局就将好转。

9 月 17 日上午，光绪帝召见林旭。有关这次召见的详细情形已不太清楚，但可以肯定，君臣二人集中讨论了康有为问题，基本思路也没有超出杨锐的那些主张。这也是皇上当天明发谕旨的背景。

明降谕旨毕竟只是官样文章，光绪帝与林旭都意识到凭借官样文章还不足以促使康有为迅速出京，因为委派康有为督办官报的谕旨早在 7 月 26 日就已下达，可康有为就是有办法借故继续留在京师。为促使康有为必须出京，他们自然想到让林旭面劝康有为。由此推断，光绪帝并无成文密诏交给林旭，即便从保护林旭角度也不再需要密诏了。

林旭当天下班后曾去找过康有为。康有为不在寓所，林旭也就没有等待，只是留有一个字条，称"来而不遇"，嘱明日勿出，有要事相告。由此细节可反证林旭手中没有成文谕旨，否则他当天必须找到康有为宣旨。由此还可证明，光绪帝及林旭虽然觉得康有为必须迅速出京，但也没有急迫到必须立即执行。

京城各种谣言满天飞，康有为或许预感正出现某种危机，但对这两天所发生的事情如光绪帝的密诏，及林旭与光绪帝的谈话等，他肯定不知道。否则他不会外出不归，而会在寓所等消息。

据康有为说，那天晚上他在宋伯鲁家喝酒，同席还有李端棻、徐致靖，唱昆曲极乐，而声带变徵，曲终哀动，谈事变之急，相与忧叹。由于不知道发生了什么事，他们只能发发感慨，并没有什么具体举动。至深夜，康有为返回寓所，看到敦促他迅速出京的那份明谕，又看到林旭留的字条。由于字条没有说具体事情，康有为也没有介意，遂于醉醺中入睡。

第二天（9月18日，八月初三日）一大早，林旭如约前来拜见。他向康有为转述了光绪帝大致意思，劝说康有为遵旨尽快离京。对于林旭的劝说，康有为半信半疑。在这种情况下，林旭向他通报了自己昨天面见皇上的情形，并口述皇帝谕旨如下：

> 朕今命汝督办官报，实有不得已之苦衷，非楮墨所能罄也。汝可速外出，不可延迟。汝一片忠爱热肠，朕所深悉。其爱惜身体，善自调摄，将来更效驰驱，朕有厚望焉。特谕。

从用词与语气看，这份御旨不是成文，更像口谕。这段文字在引用者那里出现不少差异，即便康有为在后来历次引用中，也有不同。凡此，不能说是康有为伪造。如果真要伪造，康有为势必会在各个版本中保持一致。这是起码常识。

康有为“恭录”

林旭毕竟是昨天与光绪帝见过面的直接当事人。康有为觉得这件事太不同寻常了，光绪帝既然明降谕旨，何以又让林旭面传口谕？朝廷究竟发生了什么事？难道皇帝已被皇太后所控制？

基于这些无限想象，康有为不敢继续猜下去。他一面草拟密折谢恩，一面默诵林旭转达的圣谕，发誓不惜代价救皇上。康有为谢恩折由林旭持还复命，康有为也明白表示将在第二天启程赴上海。

然而，就在送走林旭后，康有为却差人招来谭嗣同、梁启超、徐仁镜、徐仁录及乃弟康广仁等，一起商量应对之策。康有为凭记忆向他们转述了林旭带来的消息。由于康有为始终抱怨清政府存在一个守旧派，因此他的分析无疑会夸大危机，以为新政已在守旧势力反扑下彻底失败，光绪帝可能已被干掉。

在康有为煽惑下，这些门徒决心不惜牺牲救皇上，并由此将慈禧皇太后设想为真正的敌人。讨论的结果是尽快准备武力解决问题。随后，康有为和他的追随者在北京大肆活动。9月18日夜，谭嗣同受命游说袁世凯，希望新任兵部侍郎袁世凯出于道义捕杀荣禄，发兵颐和园，劫持皇太后，拯救皇上。

谭嗣同夜访袁世凯成功与失败的两种可能性康有为等人早已料到，所以当谭嗣同前往袁世凯住所时，康有为已做好最坏准备。这天晚上，他在南海会馆"尽却客"，收拾行装，一旦不好消息被证实即离京出走。

袁世凯当然没有答应谭嗣同的要求，由此康有为觉得事情或许已败露，因为袁世凯毕竟是体制内高官，他不愿入伙，就意味着反叛。一股莫名恐慌情绪笼罩在康有为心头。19日，康有为在京城行色匆匆拜会了容闳、李提摩太、伊藤博文等人后，接受那些门徒及朋友的忠告，同意留下梁启超、康广仁等人在京城"谋救"皇上，他个人携仆人李唐于9月20日天未明时凄凉出走。

有惊无险。康有为抢先一步逃出了北京，冲过了天津。9月24日凌晨抵达上海。还未登岸，英国人濮兰德登船迎接。此后几天，康有为开始向这些外国人诉说北京故事，顺带说出了这份密诏，也就是这份"衣带诏"。

按康有为理解，林旭转达的圣谕是皇上专门给他的。这在别人或许以为康有为在捏造在臆想，因为康有为毕竟没有皇上的手谕，没有皇上的真迹。但在康有为看来，口谕就是圣谕，与书面谕旨享有同样价值。实事求是说，康有为在"衣带诏"问题上没有说谎造假，他确实是那样认识那样理解的。更重要的是，康有为此后十年这样说时，并没有遇到清政府正面反对或指责，这在很大程度上默认了"衣带诏"的存在。

口谕是不成文的，康有为在此时或稍后追录时，就难免有文字上的差异。这些差异，反对者以为是康有为作假的证据。其实仔细想想，这些差异正说明康有为诚实的一面，因为如果他存心作假，就一定会使各个版本完全一致，近乎完美。

不过，百年来研究者有一个猜测是对的，那就是光绪帝根本没有密诏交给康有为。康有为这份密诏的源头就是光绪帝赐给杨锐的，也就是杨锐儿子杨庆昶1908年提交给清政府的那份文件。

这是对的。只是过往研究对康有为道义上的非难有点过。康有为肯定没有看过这份文件的原件，他所凭借的就是林旭

"口传圣谕"。而林旭或许从杨锐那儿看到过原件，或许也没有看见，但他确实从杨锐那里知道有这份文件，或许也从光绪帝那儿知道这回事。他为了履行光绪帝的嘱托，为了应对杨锐的批评，总之，为了让康有为尽快离开北京，实现杨锐"康不得去，祸不得息"的计划，林旭肯定在康有为面前稍有夸张，其口传的圣谕虽说有根据，但在文字上却极端简略，只剩下让康有为离开北京这一主题。

东北亚，一触即发

进入近代之后，东北亚问题一直成为国际问题的焦点，成为影响远东乃至世界全局的重要火药桶之一。1894年的中日战争因此而起，第二次世界大战以后联合国第一次动用军队也为此而来。因此怎样结束东北亚的乱象，除现实政治考量外，应该注意其与历史传统的关联度，因为在前近代的历史上，这一地区并非如此。

在西方势力渗透到东北亚地区以前，这个地区的许多国家实际上是中国的藩属，他们在自己的国度里享有完整的行政主权，但由于与中国有着某种程度的藩属关系，受到中国在各方面的关照与保护。此时的中国对这些国家享有名义上的宗主权，因此在履行宗主国责任的长期过程中，中国不能不奉行"王道政治"，己所不欲，勿施于人，主持公道、正义，竭力维护中国与周边藩属之间的和平及良好的互动关系，不到万不得已，中国不会出手动武，更不会纵容或支持某一国家向另一国家挑衅、欺侮。中国的尊严、信誉大于一切，与藩属诸国的所有交往，都必须从政治上考虑得失利弊。

然而，当西方势力开始向亚洲渗透后，中国在西方的强势压力下逐步退却，它虽然有心继续维持帝国与各周边藩邦的政治、经济、文化联系，但实在说来已力不从心，西方势力不仅要将中国的宗藩变成自己的宗藩或势力范围，它们在根本目标上是要将中国纳入西方势力主导下的所谓世界一体化的新秩序中，中国在差不多一百年的时间里，尊严丧失殆尽，主权和领土完整受到严重破坏，逐步沦为西方势力的殖民范围。中国素来信奉和坚守的"王道政治"不再，转而不得已信奉西方近代国家所向披靡、所向无敌的所谓"进化论"。

进化论的观念在中国由来已久，严复在解读西方这一近代思想时也曾注意它与中国古典思想的相似度，只是这一思想在中国古典政治学的范畴中一直不被看好，更不被提倡，因为仅仅凭借"力"的角逐去获取霸权，只是一种"霸道政治"，其与中国一直信奉、遵守的"王道政治"根本不可同日而语，是儒家伦理不太赞赏乃至根本反对的一种政治理论。只是在西方的压力下，中国出于民族存续的现实需要，不得已放弃王道政治，转向霸道政治，转向自身力量的积聚，于是乎远东地区直至整个亚洲，失去了可以信赖的"共主"，先前的各个藩邦在失去了中国的保护之后只能依附于西方各个强势国家自谋出路。从这个意义上说，东北亚乱象的形成可能有许多的复杂因素，然而认真考究，可能与中国立国原则的调整有着重要的因果关系。

宗藩体制开始松动

西方国家对中国施压始于十八世纪九十年代。随着中英之间贸易逆差的逐步扩大，英国人开始寻找机会向中国施压，无奈当时的中国基本上还是一个自给自足的自然经济形态，市场发育不完全，无法接纳消化英国更多的工业品，于是英国人一方面寻求鸦片消弭贸易逆差，另一方面试图进入中国，由自己或与其他西方国家一道直接开发中国市场。

因鸦片平衡贸易逆差严重侵害了中国的利益，于是中英之间以鸦片的名义进行了两次战争。两次战争都以中国的失败而结束，中国被迫向西方开放市场。

至十九世纪八十年代，中国内外环境发生了微妙的变化。列强不再满足两次鸦片战争所获得的市场准入条件与范围，他们试图依靠军事实力进入中国内地，将整个中国都纳入他们的市场体系。为此目的，外国势力不断在中国边境集结、窥视、示威、蚕食，北有沙俄，南有法国，西有英国，东边则是日本、美国对台湾和朝鲜的觊觎、窥视和骚扰，并最终导致了十九世纪八十年代中期的中国边疆危机和外交危机。

中国的边疆危机和外交危机因越南问题而引起。基于历史原因，越南在历史上比较长时间为中国的附属，只是后来因中国自身危机无暇顾及越南，而恰当此时法国势力东顾，遂使越南有意脱离中国的控制。这在中国因一系列危机而无暇兼顾时，也就不能不予以容忍。但是到了十九世纪八十年代初期，中国因洋务运动的进行而使自己的综合国力有了一定程度的恢复，当中国的国力足以应付（其实是自认为足以应付）某些外交危机的时候，大清王朝的统治者自然不能继续容忍越南脱离中国的企图，顽强地要把越南保持在它的政治、军事和经济的势力范围内，从而引发了与法国的矛盾冲突。法国的政治、经济势力正在东向，它的初期目标就是要将越南等中国南部藩属纳入自己的体系。

法国对越南的觊觎很早就已经开始了，但真正着手进行实质性的占领与控制还是在 1858 年与中国达成《天津条约》之后。1859 年，法国军队占领西贡，之后不久又相继兼并了南部诸省，拥有对越南南部地区的实际控制权，中越之间的宗藩关系受到严重的影响与挑战。

1874 年，法国政府与安南（越南）当局在西贡订立和亲条约，通过这个条约，法国表面上承认安南独立，实际上是将其降为法国的保护国。条约宣称法国有义务保卫安南政权不受外国侵犯和干扰，并唆使安南国王将刘永福和黑旗军从河内附近及红河三角洲赶出去。对于法国迫使安南签订的这个条约，清政府当时无力干涉，但是清政府坚守安南为中国的附属国这一原则，始终不予承认。

从中国自古以来所信奉、遵守和执行的宗藩政策而言，清政府此时所执行的政策显然有其无法自圆其说的矛盾之处。因为从宗藩体制所具有的伦理观念说，藩邦有难，宗主国无论如何都要出手相救，即便因为自身力量的原因无法相救，也必须使藩邦能够获得充分理解。很显然，清政府此时已无力奉行宗藩体制下的王道政治，无法履行宗主国对藩邦的保护责任，与宗藩体制下的伦理观念相反，清政府此时与法国冲突、斗争，在很大程度上已不是对藩邦尽责任、守义务，而是近代"霸道政治"伦理中对势力范围的争夺。清政府政策中的最大矛盾，是希望或者说期待王道政治与霸道政治两者兼顾。

法国对越南的军事占领也引起了安南政府的忧虑，为了抗拒法国的推进，安南政府加强了与清政府的联系，既向中国政府进贡，又请求驻扎在中国和安南边界上的非正规中国军队黑旗军给予援助。1882年，黑旗军开始与法国军队作战。翌年，清政府又秘密派遣正规军进入越南协同作战。

对于法国的企图，清政府当然看得很清楚，一旦法国完全控制了越南，肯定会对中国南部地区构成相当大的威胁。然而问题在于，在中国军队近代化的任务尚未完成之前，在中国的海防计划尚没有落实的情况下，中国是否有必要为安南这一附属国不惜与法国这样的西方强国开战，却成了清政府内部持久争论的问题。主持朝政的恭亲王奕䜣和直隶总督兼北洋大臣李鸿章素来被认为最具有国际视野，最懂得近代国家的外交原则，其实转换一个说法就是，正是他们两人比较多地认同近代国家的"霸道政治"，而不再主张中国无法解决自身问题的前提下为周边藩邦履行责任和尽义务，所以他们均认为中国此时应该尽量避免与法国开战，应该尽力以谈判为手段解决中法之间的冲突，既维护安南的利益，也不使中国在这一过程中损失过多。

作为务实、相对比较清醒的政治家，恭亲王奕䜣、北洋大臣李鸿章等人太清楚中国的真实处境和实力，中国社会经济、国防实力经过鸦片战争和太平天国等一系列事件的消耗，几乎丧失殆尽，自十九世纪六十年代初开始的洋务运动虽然使中国的状况有所改善，国力有所提升，但那毕竟只是相对于原有落后的基础而言，毕竟时间也太短，无法与西方老牌资本主义、帝国主义相比，当然也就不足以与西方强国言战，更不要说正面交锋，中国的正确选择就是尽可能地争取更长的和平时间发展自身。于是，恭亲王奕䜣与李鸿章等人设计了一个"明交暗战"的战略方针，派一些正规军队驻扎在镇南关外谅山一带，在国际社会面前表现出只求保境，而不愿与法国决战的姿态，争取国际社会的同情与支持。另一方面，清政府也暗中派一些非正规军队深入越南北部援助黑旗军，以期在实际效果上给法国军队以打击，至少让法国军队不能那样顺利地为所欲为。

平心而论，恭亲王奕䜣、李鸿章等人的设计从现代国际关系学的角度看，也不失为一着可以一试的"好棋"。无奈，在传统爱国主义心态支配下，国人不能容忍政府在边境告急的情况下故意沉默。而且，清政府内部相对比较边缘化的所谓清流党人或许是因为近二十年的洋务运动已初见成效，或许是基于传统的宗藩观念和道义力量，对法国的扩张行动颇为不满，他们共同谴责恭亲王奕䜣与李鸿章的绥靖政策只会鼓励法国人更加贪得无厌。

清流派的观点深深地影响了清政府的决策者，使清政府在战与和之间摇摆不定。"荣誉要求捍卫一个朝贡国，可是畏惧心理却不允许它去和一个西方头等强国打仗。"1882年12月，李鸿章代表清政府与法国驻华公使在北京进行谈判，中国政府同意从越南北部撤回黑旗军，并在法国承诺放弃侵占越南北部的企图后，允许法国经过红河流域和云南进行过境贸易。双方还约定，中、法两国政府共同保证越南的独立。这样一来，越南就由先前中国的附属国一变而成为中、法两国的共同保护国。

1882年的协定部分解决了中、法两国在越南问题上的冲突，中国虽然放弃了对越南的完全宗主权，但毕竟没有诉诸武力与法国开战。而且，在中国的国力并不足以支持中国拥有更多的宗藩国家的条件下，中国部分放弃对某些周边国家的宗主权，也是中国建设现代民族国家过程中必须付出的代价。然而，1882年的北京协定并不被1883年年初上台的法国新政府所接受，法国新政府决议对印度支那实行更为直接的殖民统治。1883年5月，法国议会通过对越南北部进行军事远征的战争计划，中法关系陷入紧张状态。同年8月，法国军队开始在红河盆地对黑旗军作战，并很快突破黑旗军的防线。8月25日，法国与越南当局签署新协定，越南政府自认为法国的保护国，声明中国不得再干涉越南事务，完全否认中越之间的宗藩关系。这对大清王朝的信誉无疑是一个沉重打击。

黑旗军的失败尤其是越法新协定的签署极大地激怒了清政府中的主战派，二十余年的经济发展尤其是军事实力的提升使这些主战派底气十足，无法接受丧失越南的事实。曾纪泽明确向清政府表示，"越南本属中国，理应全境保护"。他认为中国如果放弃在越南的利益，那么法国以及其他西方强国就会乘机从南方直入中国本土，对中国进行商业和政治渗透，南部中国就要为此付出很大的代价，不符合中国的国家利益。所以，清政府的主战派在批评李鸿章求和政策的同时，坚决要求派兵支持刘永福和黑旗军，收复失地，恢复和巩固中国对越南的宗主权。而恰当此时，越南政府内部也发生了变动，一批亲中国的军政大员发动政变，并请求中国政府出兵援越抗法。

主战派的要求和越南政府的请求，获得了清政府最高统治层的回应，清政府决定以武器弹药支持黑旗军，并从云南和广西调正规军五万人入越作战。1884 年 3 月，中法军队在北宁附近交战，仅有一万六千人的法国军队竟然挫败了五万人的清军。中国军队失败的消息传到北京，慈禧太后利用外部危机解决内部危机，乘机罢免了恭亲王奕䜣的职务，委派李鸿章与法国代表谈判，寻求解决方案。5 月 11 日，李鸿章与法国海军上校福禄诺在天津达成协议。根据这个协议，中国政府承认法国与越南签订的所有条约，中国驻越南的军队立即撤回；而法国则承诺不向中国要求战争赔款，保证中国南方边界不受侵犯，并承认中国在越南的势力，同意在将来与越南缔结任何条约时不使用有损于中国威望的字眼。

"李—福协定"或许是李鸿章心目中解决越南危机的一个比较好的办法，但是这个协定却遭到了清流党人的激烈反对，他们要求清政府追究李鸿章的责任。该和约本为预备性条约，正式签订应该在三个月之后。可是法国方面在该和约商定后就要求中国驻越南的军队执行和约，从越南撤出，因此必然遭到中国军队的拒绝，6 月 23 日，中法军队再次冲突，战事又起，尚未发生效力的"李—福协定"无果而终。

占领越南并不是法国在远东地区进行军事行动的终极目的，它主要是希望能够以越南为跳板，将势力渗透到广大的中国腹地。所以，和约的无效及军事冲突的再起使法国更有了战争借口。1884 年 7 月 12 日，法国政府向中国政府发出最后通牒，要求中国立即执行"李—福协定"，并索赔大笔战争赔款。法国的强硬态度并没有改变清政府的立场，清政府迅即将主战的清流党领袖张之洞调任两广总督，张佩伦会办福建海防，摆出不惜与法军决战的态势。然而，法军并没有按照清政府的思路行事。8月23日晨，封锁闽江口的法国军舰以突袭的方式攻击福州，仅仅一个小时就击沉中国十一艘兵船，并将1866年以来由法国人帮助建造的马尾船厂彻底摧毁。10月1日，法国海军陆战队在台湾基隆港成功登陆，23日宣布封锁台湾岛。

与福建战线的情况相反，在越南本土，中国军队在经过几次失败后，又向越南派遣了大量援兵，新任将领冯子材指挥有方，中国军队遂于1885年3月重新占领谅山，并准备向北宁、河内发动攻势。中国在军事上又获得了优势地位。

军事上的优势并没有促使中国乘胜追击，扩大战果；相反，因为北部边疆危机的再起及朝鲜问题的困扰，清政府决定乘谅山大捷的机会争取和平，以便赢得体面的结果。1885年6月9日，李鸿章与法国驻华公使在天津签订条约，中法战争至此结束。根据这项条约，中国承认法国与越南签订的所有条约，法国则撤走在台湾地区的军队。中国不必向法国支付战争赔款，然而中国对越南的宗主权至此彻底丧失。

东北亚的战略意义

中国的"不败而败"表明二十余年的洋务新政不堪一击，经不起考验，外交、政治和技术上的"有限现代化"根本不足以支持中国抗击列强，中国南方的朝贡国只好一个又一个接着丧失。1885年，英国效法法国入侵缅甸，迫使缅甸脱离中国而沦为英国的保护国。这样一来，中国的南部边界实际上已面临着英、法两国的共同威胁。

逐步被迫放弃对越南、缅甸等南部附属国的宗主权，是清政府不得不选择的丢卒保车战略。早在中法战争爆发之前，清政府内部已有相当一部分人充分意识到中国真正的危机并不来自边远的南方，清政府所面对的真正危险，除了国内的骚乱外，主要来自毗邻京畿的北方，中国如果丧失对朝鲜半岛的宗主权，那将失去京畿的重要屏障。因此，包括恭亲王奕䜣及李鸿章在内的许多满汉大臣真正关切的是京畿周边华北和东北地区的和平，他们不愿意在越南这块"无用之地"上与法国人决战，以免列强乘虚而入，从北方尤其是从朝鲜进入中国。这也是清政府为什么在谅山大捷后急于与法国和解的一个理由。而正是在这一点上，清政府有着深刻的教训，那就是琉球国的无端丧失。

琉球群岛位于中国大陆东方大海之中，东北方与日本九州岛隔海相望，东南方与台湾岛隔海相望。根据可信的文献记载，琉球至少在隋朝时候即与中国政府建立了联系，至明洪武年间，接受大明王朝的册封，称臣入贡。

日本明治维新后，国力增强，开始在琉球培植势力，急剧扩展。1872年，日本强制册封琉球国王为藩王，试图改变琉球的宗藩关系。只是日本的措施并没有获得琉球国的认同，其统治者希望继续与中国保持着传统的宗藩关系，不变更琉球的国体与政体。

琉球的坚持惹恼了日本，1879年3月，日本用武力迫使琉球统治者交出政权，接着宣布"废琉置县"，将琉球国改为冲绳县。

日本的做法激起琉球的反抗，琉球派员前往天津谒见北洋大臣兼直隶总督李鸿章，请求中国政府"尽逐日兵出境"。

然而此时中国的南部藩邦安南及西北边陲都相继出现了问题，清政府接受琉球的请求后，确曾通过外交渠道向日本政府据理力争，然而终究没有履行宗主国的责任出兵奉有道而伐无道，维护琉球国的正当利益，主持正义与公道。"自为一国"的琉球生生被日本灭绝了社稷。这不仅极大地损害了大清王朝作为宗主国的信誉、尊严，而且使其他藩邦感到失望与寒心，从而与宗主国离心离德。

　　日本的战略目标当然不是一个琉球岛，它要扩大自己的生存空间，踏上大陆，就必须占领具有重要战略意义的朝鲜和台湾。

　　对清政府来说，朝鲜不仅是重要的朝贡国，而且具有不可替代的战略地位，是中国北部的一个重要屏障，在一定程度上隔离了来自日本及俄罗斯的威胁，清政府无论如何不能掉以轻心，更不能容忍像越南、琉球那样无端丢失。自清朝建立，朝鲜与中国的关系更加密切，它除了偶尔与日本有过往来外，与西方其他国家并无交往。不过随着中国与日本相继向西方国家开放，朝鲜也逐步受到西方国家要求贸易、传教、建立外交关系的压力，法国人、美国人都曾不惜以武力相威胁，然而都在朝鲜的反抗下未能成功。

　　面对西方不断施压，中国早已自顾不暇，更无力保护朝鲜。自 1867 年始，中国政府有意识地劝导朝鲜与西方国家和解，建立适当的条约关系以抗衡日益增长的日本的影响。对此，朝鲜方面并没有给予积极回应，它既不愿意向西方开放，更对日本的维新运动不屑一顾，以为日本脱亚入欧，文明开化，与西人交好，不过是化为夷狄，与禽兽无别，朝鲜坚守不与日本交往的原则，宣布"与日本交际者处死刑"。对于清政府出于自身利益的考量一再劝告朝鲜与西方接触，朝鲜政府感到非常不舒服，这对中朝宗藩关系无疑投下了阴影。

朝鲜的冷淡使通过维新运动正在凝聚力量的日本甚为不满，日本政府遂于 1875 年准备以武力敲开朝鲜的大门，并为此专门委派使者前往中国试探清政府的反应，而中国政府此时正穷于应付各种外交危机无力东顾，只得告诉日本：朝鲜虽是中国的藩属，但其内政、外交从来悉听自为。清政府的这一动作显然与其宗主国的地位不太相称，无疑是在推卸自己的保护之责，是一种角色混乱。

受清政府的鼓舞，日本决心以武力促使朝鲜开放，而清政府为避免冲突，遂指令朝鲜与日本进行谈判。 1876 年 2 月 24 日，日朝《江华岛条约》签字，日本承认朝鲜为自主之邦，享有与日本平等的权力；双方同意建立外交关系，互派使节；朝鲜同意向日本开放三个通商口岸，日本在这些口岸享有领事裁判权。由于中国没有履行宗主国的权利维护朝鲜的利益，中国在朝鲜的影响显然在下降。

中国政府当然不甘心就此放弃朝鲜，特别是日本吞并琉球后，中国对来自东邻日本的威胁更加敏感。为了抵消日本对朝鲜的影响与控制，中国政府在无力履行或不愿履行宗主国权利与义务的前提下，决定推动朝鲜对西方国家开放，试图借助于西方各国的均势抵消或减弱日本的影响。这一政策选择毫无疑问是放弃了宗主国的权利，当然也就放弃了宗主国的王道政治伦理。清政府对朝鲜的帮助与劝告，实际上只是一个友邦的做派，不再具有宗主国的风范。

1882 年，主管朝鲜事务的李鸿章派员促成朝鲜与美国谈判，美国承认朝鲜的独立，双方同意建立外交关系，互派使节；朝鲜同意美国在通商口岸设立领事馆。此后数年，中国还促成朝鲜与英国、法国、德国签订了类似协议，在一定程度上促成了朝鲜的对外开放及现代化进程。中国在朝鲜的影响也因此而明显有了上升的趋势，朝鲜依然自认为是中国的藩属。

　　日本对中国在朝鲜地位的上升心有不甘，其驻朝公使努力在朝鲜政坛培植亲日派。1884 年 12 月，朝鲜内部的亲日派在日本的支持下，乘中国忙于中法战争无暇东顾的机会突然发动政变，中国驻朝军事将领袁世凯迅即出兵镇压，平息了叛乱，中、日两国因朝鲜问题发生正面冲突。为了协调中、日两国在朝鲜问题上的矛盾，李鸿章与日本政府专使伊藤博文于 1885 年 4 月 18 日在天津缔结条约。由于此时中国政府和李鸿章的精力都用在中法战争上，因此在朝鲜问题上不得不向日本让步，使朝鲜由先前中国为唯一宗主国的权利改由中、日两国分享，日本取得了向朝鲜派兵的权利，这就为后来的中日冲突埋下了伏笔。

群狼争食

　　日本的姿态引起了中国政府的注意，为了防止可能发生的事件，清政府派员到朝鲜推行洋务政策，企图以"以夷制夷"的手段借助列强牵制日本。结果使朝鲜成为各国势力角逐的场所，使朝鲜和中国更加受制于美国和日本，并逐步形成英美日三国联合的态势。

　　从中国统治层看，慈禧太后和李鸿章不是没有看到日本的野心，但他们一是盲目乐观，相信中国海防和军事实力经过几十年洋务新政的刺激、发展，"已有深固不摇之势"。同时一厢情愿地寄希望于中日一旦发生冲突，由英、俄出面排解，中国从一开始就在外交上处于被动地位，听凭各国摆布。

虽然日本通过1885年的中日条约从中国分享了在朝鲜的权益，但鉴于当时的国际格局尤其是列强对朝鲜的觊觎，日本并没有立即设法清除中国在朝鲜的势力。相反，日本竭力鼓动中国加强对朝鲜的影响，期待由中国抵制西方对朝鲜的插手。然后待日本的经济及军事实力进一步加强，再由日本与中国正面交涉，这样就可以确保日本在将来的朝鲜事务中只与中国打交道，而不必牵涉到西方的利益，最大限度地减少日本可能遇到的障碍。

日本的战略似乎并未引起中国的警惕，日本在分享了中国对朝鲜的保护权后的退让，在很大程度上满足了李鸿章的虚荣心，他遂委派极其能干的亲信袁世凯为驻朝全权代表。经过几年的努力，袁世凯在相当程度上控制了朝鲜的宫廷和政治、经济决策事务，在一定程度上恢复了中国对朝鲜的控制力。袁世凯的强势与中国影响的扩大确实抵消、遏制了西方对朝鲜的觊觎，但却正中日本的下怀。而且，日本始终没有放弃或削弱自己在朝鲜的活动，其驻朝鲜使团积极培植亲日派，力图将朝鲜变成日本独享的保护国。1894年3月28日，朝鲜亲日派领袖人物金玉均在上海被另一朝鲜人刺杀身亡，其尸体被朝鲜政府运回后凌迟示众以警示那些亲日派。这一事件在法理上虽说与日本无关，但日本朝野无不认为这一事件是对日本权益的冒犯，极端好战分子呼吁不惜以战争维护日本的尊严，玄洋社等秘密组织则竭力鼓动曾被朝鲜当局镇压而被迫转入地下的东学党策动反政府运动，以便混水摸鱼，进而取代中国控制朝鲜。

在日本的鼓动下，东学党利用群众自发抗议官僚贪污的情绪，于1894年4月初发动反政府运动。此时的朝鲜政府具有明显的亲中倾向，当东学党发动的反政府运动日渐扩大之后，他们束手无策，只能向中国政府求援。6月1日，朝鲜政府向中国驻朝鲜总理交涉通商事宜大臣袁世凯秘密表示了求援要求，希望清政府派遣军队协助平定东学党反政府运动。对于朝鲜的求援，清政府也曾有所犹豫，然而日本方面在获悉这一消息后，却支持中国采取积极行动，并向中国政府暗示日本无意干预此事。对此，中国政府尤其是李鸿章信以为真。6月4日，李鸿章奏请派遣直隶提督叶志超、太原镇总兵聂士成率淮军分批进入朝鲜，开抵牙山。6日，中国政府按照1885年天津条约的约定，将出兵朝鲜的决定告知日本。

中国的决定正是日本政府所期待的，因为只有如此，日本政府才能名正言顺地向朝鲜派兵。1894年6月2日，日本政府决定派遣一个混成旅团前往朝鲜。5日，日本组建战争体制，在参谋本部内设立大本营，直接隶属于日本天皇，并决定继续向朝鲜派兵。

当中、日两国军队向朝鲜集结的时候，朝鲜政府已基本平息了东学党的反政府运动，局势趋于平静，中、日两国驻军朝鲜的理由都不复存在，因此清政府建议中、日两国军队同时撤走，朝鲜也要求日本撤军。然而日本根本不理睬中国与朝鲜的要求，除了源源不断向朝鲜派兵外，还于6月16日向中国政府提出，为了防止朝鲜再度发生内乱，必须改革朝鲜的内政，试图以武力把朝鲜变成日本的殖民地。另一方面，日本借机向朝鲜大规模增兵，决心促使中日关系破裂，但在表面上继续释放不再增兵的烟幕，麻痹中国政府，使中国驻朝鲜军队在思想上解除了武装。

对于日本的真实用意，慈禧太后和李鸿章等人并非茫然无知。李鸿章按照既定方针一面寄希望于国际干涉，避免中日冲突，争取和平；另一方面，在主战派的促使下，也制定了一套作战方案，加紧调军队进入平壤，暂时放弃朝鲜南部地区，背靠中国，固守北方，形成中、日两军对峙格局，一决雌雄。就军事布局看，李鸿章的方案无可厚非，是当时形势下的唯一选择。只是未容实现这一布置，日军先下手控制了朝鲜政权，并对中国不宣而战。

6月21日，中国政府拒绝了日本的建议。第二天，日本御前会议决定与中国绝交，向朝鲜增兵，由日本单方面迫使朝鲜进行内政的全面改革。28日，日本要求朝鲜宣布对中国完全独立。7月17日，日本御前会议决定对华开战，并要求朝鲜废除与中国的一切条约，促使中国从朝鲜撤军，并限22日答复，逾期不复，日本即采取断然措施。7月22日，日本军队进占朝鲜王宫，将王室成员带到日本使馆，囚禁国王，威逼国王生父大院君出任朝鲜国王摄政，组织政府。25日，大院君被迫宣布废除中朝条约，并"委托"日本驱逐驻扎在朝鲜的中国军队。同一天，日本巡洋舰采取突然袭击的战术在朝鲜附近海面击沉中国军舰"高升"号。27日，朝鲜国王迫于压力于日本使馆宣布对清作战，要求日本将中国军队从朝鲜驱逐出去。29日，日军向聂士成部发动进攻，迫使聂部会同先期撤离的叶志超部辗转后撤至平壤。李鸿章设计的战略布局以出人意料的方式完成。

8月1日，中日双方同时宣战，甲午战争正式爆发。日军向平壤进攻，左宝贵率部抵抗，壮烈牺牲。叶志超被迫下令军队放弃平壤，后撤至鸭绿江。平壤战役以中国军队失败而告终。9月17日，北洋舰队和日本联合舰队在黄海海面展开激战，根据李鸿章事先计划，北洋海军的战略方针是退敌于国门之外，所以北洋海军坚持守势，不敢贸然出战，以便保持"猛虎在山之势"。在这个大战略背景下，日本海军轻而易举获得了海面控制权，使北洋海军坐困于港内。面对如此不利的战术态势，北洋海军将士不甘束手待毙，不得已出海作战，"致远"舰身负重伤，管带邓世昌鼓轮猛冲求撞敌舰；"经远"舰管带林永升和全舰将士坚持战斗，与舰俱毁。其后，北洋舰队经旅顺口撤退至山东的海军基地威海卫。11月，日军由陆路攻占大连和旅顺口，进而向辽东半岛推进。翌年（1895年）2月，日军抄后路攻陷威海卫。这一系列偶发事件不仅使中国海军损失惨重，中国经三十年"自强运动"创建的号称"亚洲第一"的北洋舰队至此全军覆没。

平壤、黄海战役的失败，彻底粉碎了中国政府、军队、人民的信心、信念，而日本军队在一连串胜利的激励下，海陆并进，长驱直入，直取中国腹地。在这种形势下，清政府别无选择，只能接受美国政府的暗示，向日本求和。

如果就中日双方的实力看，中国虽然在平壤、黄海战役中损失惨重，但战场既然已延至中国本土，如果清政府能依靠广大民众和纵深腹地坚持抗战，恐怕日本也难坚持太久，以时间换空间，战争态势必然随着时间而变化。无奈清政府被日本一连串的突然袭击打晕了，更不可能看到民众的力量，只能屈辱求和。

失败的中国已无外交可言，日本政府竟然拒绝承认户部侍郎张荫桓、湖南巡抚邵友濂为全权议和大臣，指名要求清政府委派位尊权重的李鸿章前往日本进行善后谈判。经过一段紧张、惊险的讨价还价，中、日两国政府于 1895 年 4 月 17 日签订《马关条约》。

根据这个条约，清政府承认朝鲜享有完全的独立自主，不再向中国朝贡。至此，历时几代奉中国为宗主国的东亚宗藩体制完全解体，远东政局开始陷入一轮新的混乱之中，至今不得安宁。

争夺南京

南京在政治上的价值和意义，南方的革命党人和北方的袁世凯以及清政府，都有非常清醒的认识。

上海光复后，当地名流如张謇、汤寿潜、赵凤昌等人就推庄蕴宽前往湖北，利用先前的人脉找到黎元洪等湖北方面的领袖，表示上海方面期待黄兴能够尽快前往上海，指导那里的革命，或许更有助于武汉方面。黎元洪遂派了一艘小轮送庄蕴宽至汉阳，与黄兴相见。

上海方面邀请黄兴还有一个不便对黎元洪说明的理由，即上海方面认为，黎元洪是武昌起义的革命党人所拥戴出来的，不是真正的革命党领袖，而孙中山还在国外未回来，现在只有黄兴是国内唯一的革命领袖，应该负起领导全国革命的责任，到上海去统率江浙军队攻克南京，在南京组织全国军政统一机构，继续北伐，完成革命事业。

对于庄蕴宽传达的上海方面的邀请，黄兴当时并没有答应，他认为，全国军政统一机构当然是组织得愈早愈好，但他个人并不愿意去充当这个领导人。他表示现在正负责武汉方面的防守任务，不能离开。

黄兴的表态是真诚的，然而到了袁世凯无法通过和平手段压迫黎元洪和湖北军政府就范的时候，北洋军在袁世凯的命令下向武汉发动了猛烈进攻，革命军在黄兴的指挥下英勇抵抗，但在久战之下只能退守武昌，再作后图。当此时，黄兴大约想起了庄蕴宽数日前的动议，遂在 11 月 27 日军政府紧急会议上建议放弃武昌，进取南京，以全国大局拯救湖北拯救武汉。

黄兴在这次众议不和的会议之后，当夜率领部分人员渡江至汉口，翌日晨乘轮船东下，直奔上海，准备组织联军一起进攻南京。

为夺南京而赛跑

对于南京的地位和影响，袁世凯也有清醒的认识。他之所以在清军获得对武汉的绝对优势时引而不发，其实就是要与湖北保持一种均势，以便集中力量对付东南，对付南京。他清楚地知道南京的地位数倍于武汉，他要和黄兴、和革命党人争夺南京，因为他知道一旦南京失守，南方的革命党人串通一气，南北对峙的格局就会形成，大清国的前途就会大大堪忧。袁世凯和黄兴都在为争夺南京而赛跑。

其实，在这个时候，上海方面在没有得到黄兴肯定答复的时候，自己也在准备着进攻南京的事情。11 月 11 日，上海都督陈其美分别致电江苏都督程德全和浙江都督汤寿潜，提议组织江浙联军会攻南京，并推徐绍桢为联军总司令，拯救金陵数十万同胞于水深火热之中。

徐绍桢原为新军第九镇统制，并无什么革命思想，只是因为受到两江总督张人俊和江宁将军铁良猜忌，再加上革命党人的影响和大势所迫而转身革命，与黎元洪地位、情形相当，由他出任会攻南京的联军总司令，也是一个比较合适的人选。

13 日，徐绍桢在镇江设立司令部，以陶骏保为参谋长。稍后，陈其美又推举顾忠琛为参谋总长，孙毓筠为军事参议。

因为镇江是向南京进军的前沿要塞，所以总司令部成立后，江、浙两省的参战部队先后向这里集结，主要兵力有镇军、苏军、浙军和沪军等，总兵力一万数千人。

11 月 16 日，徐绍桢在镇江都督府召集军事会议，部署进兵计划，分配各军任务。参加会议的各军统帅有林述庆、柏文蔚、刘之洁、朱瑞及黎天才等。

会议经过慎重讨论，以为南京城池坚固，地形险要，易守难攻，必须慎重对待，决定兵分三路，由沪军、苏军以及浙江、镇军分别从北路、南路和中路向南京发动进攻，各自直奔自己的攻击目标和战略要地。

江浙联军捷足先登

此时驻守南京的是北洋张勋所部江防营，他们不日前刚与徐绍桢的第六镇换防进驻南京。此外还有巡防队、缉私队以及两江总督府卫队等，总兵力大约两万人。

张勋是袁世凯的爱将，也知道袁世凯的战略部署，袁世凯再三电嘱他守住南京，以为只要守住南京，就能保住东南半壁，所以张勋受命进城驻防后就非常卖力，大肆捕杀革命党人，防范革命党人在城里内应，防范其新军内部混入革命党。

然而，由于南京几乎成了清政府的政治孤岛，除了两江总督张人俊、江宁将军铁良等十数人因职责所在不得不留守南京外，清政府大小命官皆知大势已去，纷纷作鸟兽散。至于驻防的军队、巡警等下层军官和士兵，既然无法逃跑，只好听天由命，基本上没有什么斗志。

11月23日，江浙联军全面发动进攻南京的战役。各军将士按照原先的部署分路前进，沿途受到老百姓的热情欢迎，士气踊跃，众志成城，经过几天猛烈战斗，革命军先后攻占了乌龙山和幕府山等战略要地，在那里居高临下向南京城里发动猛烈炮轰。

强烈的炮火压制使城里的清军无法组织有效的反攻，清军只能被迫持续收缩，逐渐向城里退守，革命军不断向城里推进。

12月1日，张勋知道南京是无论如何也守不住了，遂派遣清军统领胡令宣手持白旗，臂缠白布，出南门向联军求和。当天晚上，张勋率领那些残兵败将由南门逃出渡江往浦口，然后逃往徐州。两江总督张人俊和江宁将军铁良等人也于当天晚上逃亡上海。

翌日，各路革命军顺利开进南京城，兵家必争之地终于从清政府转移至南方革命党人手里。

　　爱新觉罗·载湉（1871—1908），清朝第十一位皇帝，年号光绪，史称光绪帝。父亲醇亲王奕譞，生母叶赫那拉·婉贞为慈禧太后亲妹。在位三十四年。1908年11月14日光绪帝暴崩，享年三十八岁，庙号德宗。

辑三　姑言

千古莫辩是慈禧

　　在近代中国，慈禧太后是被多重妖魔化的政治人物：康有为、梁启超等因为 1898 年政治变革失败，归罪于皇太后，将其描写为一个弄权的老太太、一个只知道欺负那个可怜养子的恶妇；革命党人孙中山、章炳麟等出于革命大义，倡导排满革命，也将慈禧太后视为近代中国一切罪恶的渊薮；到了后来，新派史学家为了证实"半殖民地半封建"的政治判断，也对晚清几十年政治发展有意无意地忽略了，对于慈禧太后也是基本否定；至于民间野史，大都根据这几种史观编排慈禧太后的故事，甚至以男权主义立场予以恶意攻击；最近者则由书商借着英国青年的梦话编造什么跨国姐弟恋，更有莫名其妙的专家鼓掌叫好。显然，这些认知只是彰显一种或几种历史观，并不是真实的历史。真实的慈禧太后根本不是这个样子，她只是一个女人，至多是一个不寻常的女人而已。

一个幸又不幸的女人

　　慈禧太后，叶赫那拉氏，生于 1835 年。1852 年 17 岁时以秀女入宫，稍后晋升为兰贵人，再后被册封为懿贵妃。1856 年，懿贵妃为咸丰帝生下唯一的皇子载淳，也就是后来的同治帝。母以子贵，这个年轻的女人自然在宫中渐渐得宠，地位渐渐高升，渐渐巩固。这是中国传统社会谁也没有办法的"羡慕忌妒恨"。

从秀女一步一步走来，是机遇，是命运。然而在后来许多好事者看来，这个女人太不寻常了，好像她从一开始就会耍手腕弄权谋。这显然是一种臆测，是后人以小人之心度君子之腹。试想，贵为一国之尊的咸丰帝风流倜傥，足智多谋，阅女无数，一个凭借智慧巧妙登上皇帝宝座的年轻人，怎么可能喜欢一个满腹心机的女人呢？

年轻的兰贵人或许说不上貌若天仙，但一定是一个讨人喜爱的小姑娘。这是她成功的前提，是咸丰帝宠幸的关键。至于兰贵人后来一步一步走上权力巅峰，那是时代使然，是历史给她的机遇，而她又紧紧抓住了这个机遇。

兰贵人是幸运的，因为风流的咸丰帝毕竟让她怀上了龙种，而且是唯一的。当这个小皇子出生的时候，兰贵人刚刚二十一岁，她的夫君也不过二十五岁。这段时光应该是她一生中最为快乐、最为得意、最无忧无虑的日子。

然而好景不长。"苦命的"咸丰帝因为缺少世界视野，在内患太平天国尚未根除时，竟然偏听偏信，为了驻京公使及扩大开放、增加通商口岸等问题与列强闹起了别扭，引发了第二次鸦片战争。1860 年 8 月，英法联军长驱直入，攻陷大沽，占领天津，试图攻进北京，以城下之盟迫使清政府答应各项条件。

中国虽然对西方部分开放已经二十年了，世界上的事情也知道了不少，但要让中国成为西方那样的国家，与之融为一体，还有很大困难。英法联军向清政府提交了一份照会，要求增加天津为通商口岸，要求各带五千精兵进京换约。

对于还没有充分经验与洋人打交道的咸丰帝和诸位重臣来说，英、法两国的要求委实有点欺人太甚。年轻的咸丰帝也咽不下这口气，发誓要御驾亲征，决一胜负。英、法两国的要求是想向中国皇帝亲递国书，中国皇帝的玺书也将由这些来使自己带回。英、法两国的这些要求在今天看来就是太小儿科，但在当年是不得了的大事。清政府君臣一致认为这些要求违背了大清礼仪，有冒犯之意。咸丰帝指示：如果这些使臣必欲亲递国书，那么必须按照大清礼节，拜跪如仪。否则，唯有决一雌雄。

咸丰帝的态度深刻影响了部属。9月18日，双方谈判决裂，中方顺手扣押了对方谈判代表巴夏礼及其随员数十人，此举引发了灾难性的后果。

两国交兵不斩来使，这是国际法则，其实也是中国自古以来的规矩。英法联军与清军全面冲突，清军渐渐不支。为挽救败局，9月21日，咸丰帝阵前换帅，将钦差大臣怡亲王载垣等人撤职，任命能干的"鬼子六"恭亲王为钦差大臣，便宜行事，督办和局。在作了这些安排后，咸丰帝于第二天自圆明园逃亡热河，当然公开宣布的理由是去那儿"狩猎"。

咸丰帝的担心显然是多余的。恭亲王留守京城与洋人交涉，中国在作出一些让步后很快达成了妥协，同意将天津扩大为通商口岸、准许英、法两国招募华工等。

中外妥协达成后，京城已经恢复往昔平静，只是咸丰帝先前醉生梦死、花天酒地的圆明园被英法联军付之一炬，毁坏惨重。这或许是咸丰帝不愿回銮的原因之一。咸丰帝是清代皇帝中最好色的帝王，也是至此唯一被赶出京城的帝王。流亡中咸丰帝依然不忘美女美酒，心力交瘁与体能大量消耗，终于在 1861 年 8 月 22 日一命呜呼，撒手人寰，年仅三十岁。

咸丰帝在生命垂危之际作了两项政治安排：一是立六岁的皇长子载淳为皇太子，二是加派载垣、端华、景寿、肃顺、穆荫、匡源、杜翰、焦祐瀛等人尽心辅弼，赞襄一切政务。这就是所谓的"顾命八大臣"。至于那个小皇帝载淳，就是当年的兰贵人、现在的懿贵妃叶赫那拉氏的亲生子，也是咸丰帝唯一的儿子。

此时，懿贵妃年仅二十六岁，漫长的守寡生活从此开始。她在皇叔恭亲王的协助下，与东太后一起领着六岁的同治帝共同治理着这个庞大帝国，表面上的辉煌与体面无论如何也掩饰不住一个青春少妇的正常欲望。年轻寡妇守的不是大清王朝的江山，而是孤独与寂寞。

一个平常却不寻常的女人

咸丰帝死了，留下了孤儿寡母，懿贵妃很快被小皇儿尊为皇太后。年轻的皇太后变成了西太后，和另一位年轻的东太后一起掌管着这个国家。她们的全部希望就是这个小皇儿，这也是她们生命的全部希望。

在传统政治架构下，咸丰帝死前留下了遗命，八个顾命大臣不仅要辅佐这个小皇帝，而且还要约束这两个皇太后。

按照那时的制度，皇上的母亲无权干政，但那个小皇帝毕竟是她们的儿子。再说，当年顺治帝、康熙帝也是幼年即位，如果没有孝庄皇太后帮助，顺治时期怎能那样顺利，康熙年间怎能走向辉煌？咸丰帝的临终安排对于他自己来说，或许是一种负责任的表现，但对大清、对未来，特别是对那个小皇帝，则不尽然。尤其是咸丰帝将权力授给了八大臣，而那个最能干的六王爷恭亲王则被排除在外。

顾命八大臣对清政府或许是忠诚的，对小皇帝也是尽心的，只是他们似乎受旧传统影响太深，不太瞧得起这两个年轻寡妇。特别是肃顺，自以为是咸丰帝的宠臣，飞扬跋扈。据说为了取得控制朝廷的全部权力，咸丰帝在世时肃顺就建议除掉懿贵妃；咸丰帝去世后，他甚至计划雇用武士图谋兵变，诛杀懿贵妃。懿贵妃与八大臣特别是肃顺之间，已经是你死我活、非此即彼的态势，势不两立，必有一死。

按理说，肃顺可以轻而易举地制伏懿贵妃，但他可能太轻敌了，太不把这个年轻寡妇当回事了。他根本想不到，这个年轻寡妇联络上了不被咸丰帝信任的六皇叔恭亲王。他们联手之后几乎没有怎样费劲就把八大臣一网打尽，将肃顺处死。从此，大清国的政治权力落入了这对叔嫂手中。懿贵妃——此时已被尊称为皇太后——拥有最终权力，六皇叔以议政王的身份兼管军机处，掌握着大清国日常事务的实际权力。

六皇叔恭亲王确实是一个能干的人。他在与洋人打交道的时候改变了对西方的看法，相信中国如果要改变先前被动局面，一定要走向世界，要改革，要学习西方。从此，朝廷在恭亲王的建议下，设立了总理各国事务衙门，开始了洋务新政。大清国的面貌很快焕然一新，一片生机。

大清国的新气象是恭亲王主持的结果。不过重用恭亲王，却是慈禧太后的眼力和大度。慈禧太后不仅重用恭亲王，而且大胆起用汉臣，使大清国政治气象为之一新。从1860年开始，中国确实步入了一个恢复重振的轨道。正史中的所谓"同光中兴"固然有御用史学家的夸张和修饰，但实事求是地说，中国经过三十年和平发展，综合国力确实有大幅提升。军事力量特别是北洋海军组建成军，意味着一个比较强大的中国似乎又要在东方崛起了。

中国的恢复当然不能说都是慈禧太后的功劳，但是从历史主义的观点看，那三十多年毕竟只有她是始终如一的最高领导者。她可能没有主动提出过什么变革方案，但她调动起来了内外臣工的积极性，而且她能有效把握住中国这艘巨轮应该走的方向。从这个意义上说，慈禧太后既是一个政治上成功的女人，又是一个不寻常的女人。

生命中总是不缺缺憾

慈禧太后政治上的成功是巨大的，只是对于一个风华正茂的年轻女子来说，寡居的生活确实令人窒息。好在年轻的慈禧太后有自己的儿子，她看着同治帝渐渐长大，心中的寂寞、孤独也就不那么严重，何况政治本身又具有巨大的诱惑力。

十多年的时间一晃而过。1872年，同治帝十七岁，长大成人了，应该亲政了。慈禧太后经过这些年的勤劳，也准备撤帝归政，颐养天年，歇歇肩了。然而遗憾的是，仅仅三年时间，慈禧太后的这个独生子、咸丰帝的唯一龙种同治帝竟然一命呜呼，还不到二十周岁就英年早逝了。这一年，慈禧太后四十岁，正应了中国的一句老话，女人的最大不幸是青年丧夫、中年丧子。这两件不幸都被慈禧太后遇到了。这是慈禧太后生命中最大的缺憾，是无论多少荣华富贵都无法弥补的。

慈禧太后是一个不幸的女人，也是一个不幸的母亲。如果往更深层说，她还是一个不合格的母亲。大概是因为咸丰帝死得太早，年幼的皇子失去了父爱，显得可怜，所以慈禧太后纵容娇惯同治帝。在同治帝从幼年到青年的全部历史中，慈禧太后更多时候采用的是一个年轻寡妇对独子的溺爱、纵容和听之任之，因此小皇帝在很小的年龄就结识了许多不三不四的坏孩子，如宫中的太监。小皇帝在这些佞臣宵小诱惑下不走正道，整日里嬉戏游宴，耽溺男宠，甚至常常在几个小太监的悄悄陪伴下溜出皇宫，微服冶游。他整夜整夜在南城琉璃厂和八大胡同等一些茶园酒肆、青楼妓院、花街柳巷盘桓，狎邪淫乐，流连忘返，渐渐走上堕落之路，往往直至第二天早朝时才神不知鬼不觉地潜回宫中。以致有时召见军机大臣时，小皇帝还处在醉酒状态，言语失次，且偶尔不知不觉杂以南城猥贱之事，不堪入耳。

小皇帝微服冶游是个人爱好，不过他似乎也清楚贵为皇上这样做并不好，所以他在南城狎邪淫乐时总是担心遇到熟人，尤其是担心遇到他的那些"爱卿"。作为皇上，他当然有权冶游，有权私访，但毕竟同治帝年龄太小，太不适当。同治帝知道这一点，所以刻意回避他的那些具有同好的大臣，因为那样不是一般的丢失体面而是太过难堪，或者他也担心这些"爱卿"中的哪个强臣一不高兴到皇太后那里告他一状。

同治帝的这些担心从日常情理层面都容易理解，因此他冶游时为了避开众爱卿，总是在那些佞臣宵小带领下，尽量躲开比较高级、比较讲究的著名妓院，去那些路边小店或者那些躲在胡同深处的下等私娼妓馆。

常在河边走，怎能不湿鞋？天长日久，不知在什么时候什么地方，同治帝感染上了那种不洁之病。死前数日，下部溃烂，臭不可闻，洞见腰肾而死。或曰梅毒，或曰疥疮，当然官方文书说是天花。天花，是清代皇帝多次遇到过的事情，比较好听。

同治帝之死当然是慈禧太后溺爱的后果，由此可以说慈禧太后不是一个合格的母亲。这样不合格的母亲在中国传统社会屡见不鲜。年轻寡妇总是担心自己的孩子，特别是这样的独苗被人欺负、被人轻视，总是尽最大限度给这样的独苗以自由，不愿用严格的常人规矩去约束。这样的母亲内心深处总觉得没有父亲的孩子已经够可怜了，为什么还要过分约束他呢？如果我们将慈禧太后放在一个常人的立场去理解，就应该明白她的这一系列遭遇、选择和普通人其实并没有什么两样，只是不幸成为妃子，成为皇太后，她的儿子不幸成为皇位继承人而已。

另一种爱法与活法

慈禧太后的独子同治帝就这样死了，没有留下龙种，无人继承香火，而且同治帝本人又是独根独苗，无兄无弟，因此皇位继承既不能按照父死子继的原则自动继承，也无法采纳兄终弟及的特例，由亲兄弟中推出一个继承人。大清国突然面临一个权力继承的难题。

面对这样的难题，各种各样的方案都提出来了。在权衡各种利弊之后，清政府还是下决心从与皇室血缘最近的血亲中选择皇位继承人，于是找到了醇亲王奕𫍽不到五岁的儿子载湉。

找到载湉继承皇位当然与慈禧太后有关，是皇太后意志的体现。只是过去很长时间过于从阴谋论立场看待慈禧太后对权力的贪婪，可能并不合乎历史真相，并不合乎皇太后的想法。

载湉生于1871年。他的父亲醇亲王是道光帝的第七子，是咸丰帝的亲弟弟，也就是慈禧太后的婆家弟弟；载湉就是皇太后的亲侄子。从与皇室血缘关系而论，已经没有自己孩子的慈禧太后只能找到这样的近亲了，不可能还有比这更亲近的人。

而且，从慈禧太后娘家关系说，载湉的母亲是慈禧太后的亲妹妹，载湉还是她的亲外甥。双层血缘近亲是载湉被慈禧太后看中的主要原因，不存在为了操纵、便于控制等理由。

1875年2月25日，年幼的载湉正式过继到宫中，接替刚刚过世的同治帝，年号光绪，是为清朝第十一位皇帝。

青年丧夫、中年丧子的慈禧太后对这个过继来的小皇帝应该说是有真情实意的。他们母子之间的感情决非那些政治上的反对者，特别是戊戌后政治反对者所说的那样势不两立、视若仇雠。若果真如此，在任何一个时间段，凭借慈禧太后的权势和决断，她都可以坦然找到理由撤换这个小皇帝。

当然，也正如许多领养孩子的中年妇女一样，慈禧太后和小皇帝在很多年的相处中不可能对所有问题都看法一致。正常的意见分歧即便是亲生母子也在所难免，这并不以亲生非亲生为依据。不过，如果从日常情理层面去理解他们的母子关系，由于皇上清楚知道自己是领养的，也知道自己在家、国两个方面将要担负的责任，更知道他的这一切都是皇太后给的，因而他对皇太后尊敬、敬畏、敬仰、佩服乃至感恩戴德，都是可以理解的。对于皇太后的交代乃至每一句话，皇上都会照单全收，认真执行，因而其性格或者说是在生活习惯中慢慢养成了对皇太后的高度依赖，凡事总会以皇太后的意志为意志，并没有养成什么反叛精神。在这一点上，领养的光绪帝和亲生子同治帝，对于慈禧太后来说并没有本质差别，所谓视同己出，不过如此。

作为一国最尊贵的皇太后，即便没有任何人提醒，慈禧太后也知道在同治帝教育问题上的教训，所以她不可能在同一个问题上犯两次错误。在领养了这个小皇帝之后，为了培养他，慈禧太后请了全国最好的老师，对他进行最严格的道德品质教育、文化熏陶。慈禧太后内心深处绝对不能容忍小皇帝成为同治帝那样的纨绔子弟，立志要将这个小皇帝培养成一代明君，守住大清国的万年基业。

光绪帝是慈禧太后的养子，是大清国的未来主子，也是老太太下半生的全部希望和寄托。慈禧太后不愿继续娇惯这个孩子，从人之常情很容易理解，这是任何一个母亲的一种本能。而且，慈禧太后也没有非常自私地处理与这位未来国家主子的关系，她在小皇帝进宫不久，就开始刻意提拔这个小皇帝的亲生父亲醇亲王。到了 1884 年，因中法战争等一系列问题，慈禧太后用醇亲王取代恭亲王，使其成为军机处首席军机和总理各国事务衙门领班大臣，全权掌控大清国日常政务。直至 1891 年去世，醇亲王一直位于权力中枢，而此时的光绪帝已经亲政，权力过渡也没有什么波折。因此，我们不必听信康有为等人在 1898 年后传播的故事，不要相信两宫之间不共戴天、视若仇雠。

　　光绪帝的童年教育应该说是清朝历代皇帝中最好的，他的知识素养也是这些皇帝中最棒的。到了 1886 年，十年苦读使小皇帝有了很大提升，一个优秀君主已经露出了迹象。这一年，五十一岁的慈禧太后找到光绪帝的生身父亲醇亲王及军机大臣礼亲王世铎商量，争取让光绪帝早点亲政，当家做主。五十一岁的慈禧太后理由很简单，一是皇儿长大了，二是自己也想歇歇了，不想为大清王朝继续操劳了。五十一岁，在那个人过七十古来稀的年代确实不算小了，享受过了权力瘾的人，且又有把握在未来掌控权力的人，不会对权力格外眷恋。皇太后的心情应该是真诚的。

　　慈禧太后的建议起初并没有获得相关各方的认同，然而各种各样的劝说并没有改变皇太后的想法。几经周折，年轻的光绪帝终于在 1887 年开始亲政。慈禧太后在各方殷切要求下答应以后继续为小皇帝拿拿主意，不过帝国的日常事务处置权还是逐步向小皇帝转移。慈禧太后在这个事情上做得光明磊落，清政府的各种官方文件对此有着详尽记载。然而到了 1898 年秋天之后，或许因为六君子喋血菜市口，慈禧太后再度出山训政，各种传言开始出现，甚至怀疑皇太后先前撤帝归政并不真诚。这显然是不对的，因为假如皇太后不想让出权力，她可以有无数理由。

再度出园为训政

执掌大清国朝政已经三十年之久，作为一个青年丧夫的寡妇，慈禧太后先是辅助亲生儿子同治帝治理这个庞大帝国。亲生儿子不在了，又抱养了这个小皇帝。现在小皇帝终于可以亲政了，可以自己当家做主治理国家了，作为母亲，有什么可以去怀疑的呢？无论怎样眷恋权力的人都无法抵制岁月流逝，无法抵御生活诱惑。慈禧太后确实准备结束一个时代，准备颐养天年，过上几年轻松日子。这是人之常情。

然而，大清国的政治现实并没有满足慈禧太后的期待。光绪帝亲政没几年，甲午战争爆发了，维新运动开始了。为了大清国的整体利益，慈禧太后不得不再次出山，帮助小皇帝料理国家大事。

如果仅仅从权力构成说，中国传统社会一直强调皇权至上、不可分割，皇权中心的一元化几乎是历代王朝不得不遵守的原则。晚清政局之所以出现帝、后两宫共制的局面，完全是特殊条件所致。不过，如果我们以客观立场去观察慈禧太后在1894年后的作为，也应该承认，她对权力的使用是相当克制的。她并没有滥用自己的权力干预朝政，并没有越过皇上处理国家大事，她只是对皇上的决策保持最后否决权。这只是在替年轻皇帝把关。所以，尽管经历了那么多的政治波折和大风大浪，在清代正史中从来没有皇上对皇太后的抱怨。皇帝至死都是感激皇太后的养育之恩和多年来的精心照料、耐心辅助。

光绪帝身体不好是一个众人皆知的事实。他自幼体弱多病，更重要的是作为皇上的他没有完成而且永远无法完成大位传承，甚至无法对皇后、对嫔妃履行一个丈夫应尽的义务。这是男人无法说出口的尴尬，也是光绪帝后来性格稍有扭曲的一个重要原因。他的肾病由来已久，奇怪的是，他不仅肾功能有问题，而且在大婚前后开始长时期遗精，据他自己说到 1907 年已经有了二十年的历史。一个长期遗精的人当然不利于夫妇生活；一个没有夫妇生活的人，当然会对性格形成某种程度的扭曲。这是为现代心理学所证明的规律。长时期遗精和长时期肾病对皇上确实构成一个很大的困扰，是他后来稍微有点抬不起头的重要原因。对于这样一个后辈，慈禧太后能够做的事情，除了安慰，除了劝勉，还能做什么呢？我们完全可以想象，慈禧太后只能从内心深处哀叹自己命太苦，为什么老天爷要把一切危难、一切坏事都留给她呢？青年丧夫，中年丧子，也就罢了。为什么辛辛苦苦几十年培育的这个养子，这么听话，这么有出息，身体却这么不好，让他无后，让他英年早逝呢？

一个原本温情的感人故事

光绪帝的病情大约从 1898 年秋天开始逐步恶化，好在他贵为天子，享受着帝国最好的医疗条件。经过宫廷御医、天下名医精心呵护治疗，患了肾病的光绪帝竟然在那个没有血液透析的医疗条件下活了十年之久。这本身就是一个奇迹。

谁也没有想到 1908 年秋天，当政治改革到了最吃紧的关头，年仅三十八岁的光绪帝病倒了，而且一病不起，一命呜呼了。关于光绪帝的死因，清代正史和医学专家的意见大体都是正常死亡，是长期受到肺结核、肝脏、心脏、风湿等慢性疾病的侵扰，致使免疫力严重下降，严重缺失，最终造成心肺功能衰竭，并急性感染而死亡。

历史巧合之处在于，当光绪帝发病的前一段时间，七十三岁的老太太慈禧太后在生日庆典时因吃了一点不合适的东西拉肚子，闹了好长一段时间。拉肚子在很多时候不会置人于死地，这是对的。但拉肚子严重的情况下也可以置人于死地，这也是医学常识。特别是对体弱的老人而言，更是如此。

问题的蹊跷之处还在于，慈禧太后的痢疾已经很长时间了。如果不发生光绪帝死亡事件，相信皇太后也不至于突然不治。光绪帝的死亡对七十三岁的皇太后打击太大了，生命垂危中的老太太所有的希望均成了泡影，越想越伤心，越想越觉得自己一生太命苦，所以她在这个养子英年早逝后不到一天时间，也一命呜呼了。

这个解释来自清代官方正式文件和清宫档案，大意是说皇太后得知儿皇帝大行后，不禁悲从中来，不能自克，以致病势加剧，遂致死亡。这个解释合乎人道，合乎人情，合乎常理，合乎历史，合乎逻辑，唯一不合乎的是中国人最习惯最愿意接受的阴谋：一个并非亲生的儿子，怎么可能呢？

清政府的官方解释见诸《清实录》及一切官方文书，但是这个解释不被大清王朝政治上的反对者所认同。流亡美国的康有为在光绪帝逝世第二天就致电美国总统，要求美国政府带头不要承认大清新皇帝，理由就是慈禧太后谋杀了他们那个英明的光绪帝。

康有为的说法当然是没有根据的，不要说当年没有互联网，即便是今天有如此迅捷的联系方式，谁有把握在事件发生第二天得出这样斩钉截铁的结论？康有为的说法并不被西方世界所相信，美国政府更不会根据这样的传言去抗议中国。

然而奇怪的是，时间过了一百年，康有为终于在现代中国找到了知音。那么多严肃的历史学家不去相信清宫档案，反而依据康有为以及当年那些笔记小说作者的指点，论证出光绪帝死于谋杀，死于剧毒。更荒诞的情节是研究者推论：这个谋杀光绪帝的人不是别人，就是其养母慈禧太后。阴谋论至此终于坐实，慈禧太后好像被钉在了历史耻辱柱上。其实，这本身就是一个笑话，并非历史。

爱新觉罗·载沣（1883—1951），道光帝之孙，醇亲王爱新觉罗·奕譞第五子，宣统帝溥仪生父，清朝宗室，于宣统年间任监国摄政王。

毁誉摄政王

在谈到晚清立宪运动时，摄政王载沣是一个无论如何也绕不开的人物。他在两宫相继去世后全权负责清政府日常事务，他的看法与做法直接影响了宪政的方向与步骤。过去很多人将他塑造成一个懦弱的、优柔寡断的王爷，一个对大清王朝终结负有不可推卸责任的人，即便不是亡国之君，也是亡国之君的父亲。这些指责不仅稍嫌苛刻，而且不合乎历史事实。

一个不错的王爷

清朝两百多年的历史上，曾经先后出现过两个摄政王，这两个摄政王一前一后，前者协助幼主奠定江山，后者替幼主结束了王朝。有人说这是清政府的宿命，是历史无法探究的问题，也有人从两个摄政王的出身、能力方面予以解释，想要论证的是后一个摄政王太过年轻，能力也不太行。这个说法其实还需要研究。

摄政王载沣是光绪帝的亲弟弟，当光绪帝确定无法生养后代的时候，载沣其实就成了光绪帝最亲近的人。载沣在光绪朝晚期开始介入政治，是晚清王爷中第一个走出国门、开过眼界的人，虽然他那次出行的内容不算太光彩，只是代表清政府到德国进行赔罪，事由就是德国公使克林德在 1900 年被义和团弟兄杀死了。赔罪的事情当然只是一个外交礼节，大清国的皇叔身份还是让德国人高看一眼。载沣在这次外交活动中开了眼界。稍后中国开始了新政，开始了预备立宪，载沣的这些外国见闻和经验，使他在晚清最后十年大致具有开明、开放的形象，他个人的才干也逐步展现了出来。

如果从慈禧太后方面说，载沣是慈禧太后的亲外甥，他的婚姻是慈禧太后一手包办的。载沣的福晋也就是溥仪的母亲是荣禄的女儿，也是慈禧太后的养女。由此，两宫在生命最后时刻将大清国交给摄政王载沣，是一个必然的选择，因为不可能还有比载沣更亲近、更合乎两宫利益的人。

至于年龄，过去许多研究者都说清朝结束的一个重要原因是摄政王太年轻，少不更事。其实这个说法是不成立的。摄政王载沣生于 1883 年，1908 年接手国事时已经二十六岁。这个年龄今天看来或许年轻，但这个年龄与慈禧太后当年接手帝国事务时的年龄刚好一样。

所以，从年龄、能力、眼界上说，摄政王载沣是一个不错的王爷，在 1908 年替儿子溥仪暂时管理帝国事务，应该说没有什么不可以。

"有计划政治"的信念和坚持

摄政王并不是独占帝国事务的全权，根据慈禧太后和光绪帝的安排，载沣的名分是摄政王监国，在小皇帝宣统未成年的时候代为处理日常事务。慈禧太后娘家侄女、光绪帝的未亡人隆裕皇太后最后把关，拥有重大事务否决权。

清政府在过去几年已经为中国的未来制定了一个比较有希望的蓝图，摄政王接手之后只要萧规曹随，按照既定规划进行办理，一般不会出现多大问题。所以，摄政王在接手大清国日常事务管理的当年并没有出现多大问题，无论是老臣，还是政治新锐，都对中国未来给予很高期待。

中国的未来，从当时的情形说，就是1906年开始的预备立宪。经过两年的筹备和有条不紊的推展，已经有了相当成绩。1908年公布《钦定宪法大纲》，发布《九年预备立宪逐年推行筹备事宜清单》，逐年开列每年应该完成的事项。按照这个清单，预备立宪从颁布《钦定宪法大纲》的光绪三十四年开始，九年时间，也就是光绪四十三年，公元1917年，中国就将进入一个完全的君主立宪国家。这是当时中国朝野的一个愿景，也是一个最具可行性的目标。那一年，光绪帝年方三十八岁，再过九年，也不过四十七岁。所以实行这个目标难度并不很大。

问题出在意外上。让人措手不及和想不到的是，年轻的光绪帝和年迈的慈禧太后在一天之内相继去世。摄政王接手后，立宪党人对于能否继续执行既定的九年计划，一开始确有怀疑。特别是当日本利用中国弱势不断向东三省移民时，当日本对东三省的觊觎蚕食不断加大时，立宪党人对于先前与朝廷达成的九年立宪共识开始有点反悔，开始尝试着改变。

立宪党人反悔的背景说起来复杂，其实又很简单，这与他们小瞧摄政王有关。按照九年规划，按照《钦定宪法大纲》，在整个立宪过程中，在立宪完成后，君主依然是大清国至高无上的权力拥有者，只是皇上不再独享权力，另有一个民选或半民选的御用国会，帮助皇室出出主意；还有一个拥有"有限权力"的责任政府，这个政府由议会选举，皇帝批准。按照这个模式，立宪完成的大清国就是日本明治维新的模式，这是先前的共识。这个共识的前提是皇帝为明主圣君，能力风采都不弱于明治天皇。光绪帝显然具有这样的潜质，甚至已经就是，至于现在的小皇帝就难说了，因此立宪党人利用一切机会要求加快立宪步伐，以期通过国会和责任政府分享权力。这就是几次国会请愿运动的背景。

面对立宪党人不断提升的政治压力，摄政王从容应对。他认为社会各界的爱国热情，对政治、对国家利益的高度关注，都值得肯定，值得鼓励，但是他提醒各位代表注意当年朝野九年预备共识的前提是国民程度获得适度提升，所以九年预备的主要内容也就是扩大教育的基础，提高人民的识字率。现在如果强行召集国会，会徒增纷扰，除了给民主宪政留下阴影外，恐怕很难有什么好的结果。他劝各位代表一定想想当年朝野共识建立的不容易，一个"有计划政治"是共识各方都应该遵守的承诺。君主立宪就是要构建一个各方共赢、权力共享的合理体制，现在离成功还很遥远，就因为一个偶发事件改变计划，恐怕并不可取。这是摄政王面对第一次国会请愿运动所作的表示。不过他重申，宪政必立，议院必开，朝廷之所以慎重筹划，以九年为期，就是要根据国情，分清轻重缓急先后之序，届时达成一个值得中国人夸耀的真正的立宪体制。

摄政王拒绝了第一次、第二次国会请愿运动，但是他内心深处对于立宪党人内心深处的想法，还是有所感触，有所感动，当然也有很大震动。摄政王发自内心地不愿与臣民为敌，他看到了一年来各地抗捐抗税群体事件此伏彼起，几无一日消停；至于孙文和那些革命党利用秘密结社策动的各种骚乱也很令人头痛，件件都影响着清政府的政治统治。清政府政治统治的基础就是这些立宪党人，现在如果这些统治基础再对统治发出怨言，那不仅是立宪党人的悲哀，而且可能就是大清王朝的末日。所以摄政王在拒绝提前召开国会的同时，并不主张对国会请愿运动进行镇压，反复交代在向请愿代表说明不能提前召开国会的理由时，一定要注意方式方法，注意措辞，注意以理服人，注意保护请愿代表的政治热情。

错误援引《钦定宪法大纲》

摄政王对有计划政治的坚持是对的，如果连达成共识的东西都无法坚持，那还有什么事情能办成？但是到了1910年准议会机构资政院按部就班准备开院议政的时候，新的外交危机再度引爆，日、俄两国在圣彼得堡背着中国签订类似于瓜分东三省的协议。紧接着，日本又逼迫朝鲜订立合并条约，朝鲜半岛的统治权完全归属日本。这两个消息传来，立宪党人极为震惊，国内民众甚至许多先前老成持重的官僚也都有点坐不住了，思来想去，还是想到了加快立宪步伐这条正途，于是有了第三次国会请愿运动。

第三次国会请愿运动不同于前两次，除了立宪党人为主体，各省督抚、学生、商人等都有不同程度的介入，大家都担心中国发生朝鲜那样的亡国事件。这对摄政王构成极大的压力。

大清国所面临的现实危机深深刺激了当家人，所以当第三次国会请愿运动发生后，当各省督抚、王公大臣、中央各部院大臣相继加入施压队伍后，摄政王也就不再像过去那样坚守"有计划政治"信念，特别是在资政院作出加快立宪步伐、建议朝廷尊重民意提前召集国会、组建责任政府的决议时，摄政王觉得已无话可说，表示既然如此，那就商量一个提前进行的办法。后经会议政务处王大臣会议反复商讨，摄政王于 1910 年 11 月 4 日宣布接受各方面呼吁，将先前九年立宪规划缩短为五年，即于 1913 年宣统五年召集国会，成立正式的责任政府。摄政王强调，现在距离召集正式国会只有两年时间了，全国上下都应该加紧进行各项准备，先将官制厘定，预行组织内阁，编订宪法。

摄政王基于各方面新变化，对立宪党人的要求所给予的积极回应赢得了国内外的欢迎，此后大半年，国内政治氛围有了很大改善。革命党人心灰意冷，革命陷入低谷，看不到希望，他们在黄花岗最后一搏后，或流亡海外，或隐匿国内。国人的政治热情已被清政府立宪步伐所吸引，人们坐等君主立宪新时代，革命成了明日黄花。

根据立宪国家的一般情形，进入君主立宪时代的一个标志是成立一个责任政府，然后由这个责任政府分享君主部分治权，负责国会选举等具体事务。按照这个计划，清政府于 1911 年 5 月 8 日宣布第一届责任内阁。这原本是中国人最为高兴的一天，是大清国的新生，想不到弄成了一个大乱，一个两百多年的帝国就此结束。

第一届责任内阁的根本问题是摄政王错误援引 1908 年《钦定宪法大纲》中皇权至上，皇权享有任命百官的权力、他人不得无端干预等规定。这些规定是对的，但是有两点摄政王忘了，一是现在的小皇帝和摄政王本身没有办法与大行皇帝比；二是如果摄政王任命一个具有真才实学的能人内阁，而不是任命一个凭借皇族、贵族血缘关系上位的内阁，谁又能说这不是皇上的权力呢?

摄政王或许有自己的苦衷，但这个被讥笑为亲贵内阁、皇族内阁的机构，不仅葬送了大清，而且足以表明摄政王对君主立宪有认知、也明白，但好像做不了满洲贵族统治集团的主，无法革自己的命，无法说服满洲贵族遵守分享权力的政治游戏。

　　严复（1854—1921），字
几道，福建侯官县人，近代
著名的翻译家、教育家、新
法家代表人。中国近代史上
向西方国家寻找真理的"先
进的中国人"之一。

严复的难题

两千年的君主专制曾给中国带来稳定和辉煌，但是进入近代以后，家天下的君主专制越来越不适应中国需要。1894年的甲午战争、1904年的日俄战争，前后不到十年，一个君主立宪的"小日本"相继打败中国与俄国两个巨大的君主专制国家。这个残酷事实不能不引起中国人心灵上的巨大震动。走向君宪，成为那一代中国人的唯一政治选项。然而到了1911年，当君宪主义即将成为事实时，一个规模不大的军事哗变，竟然在一夜之间掀翻了一个具有两百多年历史的庞大帝国。这其中的原因究竟是什么，是必然还是偶然？一百年来众说纷纭、莫衷一是。其实，我们可以听听老牌君宪主义者严复的分析，他的那些独特看法没有强烈的意识形态色彩，对于清政府、袁世凯、革命党、康有为等，均有批评有分析，相对说来比较中立客观。

君宪先锋

在近代中国，严复是作为思想启蒙者载入史册的。他在甲午战后向中国人翻译介绍《天演论》，从理论上为先前几十年只重视物质增长的"中体西用"背书，以为中国所面对的问题就只在经济形态上落后于西方，中国最迫切的问题就是经济增长和社会体制变革。至于其他比如政治架构，严复在那个时代并不认为已成为中国发展的障碍，成为非常迫切的问题。

基于这样的认识，严复在1895年之后的维新运动中虽然积极介入，也传播了许多西方新思想，但是严复好像并不能认同康有为、梁启超、谭嗣同等人的许多观点，我们从他那篇著名的《拟上皇帝万言书》中，发现其主张就是一种君主主导下的政治渐变。只要变化的方向对，就不要操之过急，耐心地走下去，终归能够走上东西洋立宪各国共同的路。即中国不要标新立异超常规发展，总显得急不可耐、步履匆匆，一个政治上成熟的大国就要显现从容优雅的风度。对于康有为、梁启超等人在1898年的急切，严复向来不以为然，以为正是这对师徒的乱来，最终葬送了大清两百多年江山。严复当年的设想是，假如康有为、梁启超不去鼓励那个少年天子匆匆忙忙进行政治变革，而是两宫和睦渐进改良，那么要不了多少时间，大清的政治必能有所改善，等待慈禧太后百年，等待小皇帝再成熟一点，许多问题应该不会继续成为问题，应该能够迎刃而解。

严复的思考当然不是事实，1898年之后的中国在经历了几年彷徨徘徊后，终于在1901年重回新政轨道。特别是到了1904年，中国在经历了日俄战争的强烈刺激后，派遣五大臣出洋考察各国宪政，中国从君主专制向君主立宪转型的过程正式开启。这是中国政治的实质性进步，因而严复和那时主流社会的人们一样，很快从 1898 年之后的政治冷漠转为政治热情，迅速转变成一个君宪主义者，真诚相信君主立宪是当时中国政治上的唯一出路。

对于清政府的君宪主义呼吁，严复给予积极的回应，并利用自己的专业知识为君宪主义运动提供理论支援和学理依据。他在那一年（1905 年）先后数次在上海青年会演讲西方政治学，对世界上已有和现存的国家类型给予细致点评，以为要救亡，就必须将中国从君主专制改为君主立宪，因为只有在立宪体制下，民众才能通过议院轻而易举地完成和平变革，实现政府更迭而不危害皇室利益，皇室也就可以在君主立宪体制下万世一系，永享国祚。

君宪主义危机

严复对君宪主义有很高期待，以为在当时中国历史文化背景下，君宪主义是唯一出路，君宪主义可以将中国从孤立状态中拯救出来，君宪主义也是世界潮流，然而君宪主义的内涵究竟是什么，严复的理解与思想界主流，与清政府的举措似乎有同有异，并不完全一致。严复指出，君宪主义并不只是政治架构的改革，对于当时中国来说，君宪主义落到实处，就是要提升教育，普及教育，陶铸国民，改革司法，最大限度防止革命的发生，防止暴力冲突。

对于满汉冲突，严复始终认为是革命党人在理论上的一个虚构，并不是历史的或现实的真实。孙中山和革命党人所鼓吹的什么民族主义，其实只是一种狭隘的种族主义，这种主义不仅无法拯救中国，反而会将中国拖到一个无底的深渊。

严复强调，中国国情确实具有不一样的地方，如果听任一些革命党人的种族主义敌对情绪走向极端的话，那么不仅当政的满洲人没有办法抵抗，甚至毫无防卫的力量，即便是蒙古、新疆、西藏等周边族群都很难找到自己的归宿，他们无法与纯粹的汉人一道组织一个广袤的无法驾驭的共和国家：因为这里有种族仇视、仇杀以及感情、习俗、宗教乃至法律上的差异与障碍。当中国不得不进入共和国家时，周边族群的可能出路就是将广袤地域和众多人民转投某一大国而独立。这种事情一旦发生，"分裂中国"的老问题就来了。这就不是中国的出路，而是中国的灾难、中国的毁灭。所以严复始终如一坚定反对革命，反对种族主义、民族主义宣传，以为只有君主立宪可以维系中国这个多族群多种族的国家。

不幸的是，中国政治发展就沿着严复预言反向发展，革命成了重要选项，甚至一度成为重要选项。对于这一点，严复并没有刻意攻击革命党和孙中山，他认为君宪主义危机发生和排满主义强盛，其主要根源在于满洲贵族的无能和自私。

根据严复的分析，君宪主义之所以在光绪帝和慈禧太后相继去世不久陷入危机，之所以发生武昌起义和全国范围响应，主要有这样几个原因：第一是因为摄政王及其大臣的极端无能；第二是因为心怀不满的新闻记者们给中国老百姓的头脑中带来了无数偏见和误解；第三是因为秘密会党和在日本的反叛学生酝酿已久；第四是因为在那之前几年间长江流域饥荒频仍，以及商业危机引起的恐慌和各个口岸的信贷紧缩。

在严复所分析的因素中，最重要的在严复看来就是第一条，是摄政王及其大臣的自私和无能。严复指出，清政府在十多年前接受德国和日本人的建议组建一支现代化的军队是对的，将权力尽可能地收归皇室收归中央也不算太错，只是满洲王公在做这两件事情时没有从国家根本利益进行考量，而是带有非常自私的倾向。政府以三分之一的收入改编军队，不是将这支军队改造成国防军，而是弄成了皇室私家卫队，以为这样一来就可以将壮丽的城堡建筑在磐石之上。摄政王自封为大元帅，让他的一个兄弟统率陆军，让另一个弟弟统率海军，摄政王天真地以为这样至少不愁没有办法对付那些汉族的叛逆子民。摄政王做梦也没有想到恰是倚仗的东西有朝一日会转而猛烈地反对他，因为他不知道所倚仗的东西的根基已被数百个新闻记者的革命宣传瓦解了。

大江东去君宪梦

　　根据严复的分析，君宪主义在中国成功机会是巨大的，但是倒霉的盛宣怀和他的铁路干线国有化政策为各地不满的民众抗议政府提供了口实和机会。要是朝廷知道如何对付四川人民，事情或许会好办些。而清政府除了懦弱、自相矛盾外无所作为，结果导致四川暴乱。革命党人那时在为各省咨议局的联合而工作，并在新军中加强了活动，于是武昌失守，军人哗变。

　　军人的介入使问题的处理百倍困难。前往武昌镇压哗变的新军敢于第一次起而抗争，宣称中国人不打中国人，暗示自己与南方新军是同种同族，甚至北方的军队也杀机毕露，发动兵谏，种族主义简直就像一个法力无边的魔王，霎时间将悉心经营两百多年的帝国推向绝境。

在军队压制下，清政府被迫退让，于 10 月 30 日下诏罪己，发誓要永远忠于服从即将召集的国会，发誓不让任何皇室成员进入内阁；宣布对所有政治犯甚至那些反对皇上的革命者实行大赦；宪法由议会制定，并将被无条件接受。这三条的宣布太重要了，但是确实晚了。严复非常遗憾也非常痛心地表示，如果一个月前做到这三条中任何一条的话，中国的历史都不会这样发展下去了，清帝国依然会是中国历史上最伟大的王朝。然而历史现象往往重演。这和 18 世纪末路易十六所作所为如出一辙。所有这些都太迟了，没有明显效果。所谓宪法"十九信条"在严复看来根本不是宪法，这不过是将专制政权从皇帝手里转移到国会，根本无法给中国带来持久稳固，因而不是进步。

对于清政府空前政治危机，作为资政院钦选议员，严复忧心忡忡，但对中国由此变为共和政体，则无论如何不愿认同。严复的担心只有两点，一是中国国民程度不具备，中国要想走上共和道路，至少需要三十年的积累和训练；二是中国如果由此强行进入共和，必将引发新一轮边疆危机，且种族之恨相为报复，必将贻害全体中国人。

基于这样的认识，严复在袁世凯出山之后竭诚帮助清政府化解危机，以随团代表身份前往武昌、上海参加南北议和，劝说黎元洪和南方革命党人重回君主立宪道路，反复解释只有君宪主义才能从根本上为中国开辟一个新时代。

严复的劝说在一定时间段起到了相当作用，黎元洪和武昌革命党人确实在会晤时表示可以考虑重回君宪体制，只是要求清政府必须彻底改革，不能再要什么新花样假招子。对于这一点，严复也感同身受，以为重回君宪主义的前提当然是清政府彻底改革悔过自新。他对清政府的建议是，根据文明进化论规律，最好的情况是建立一个比目前高一等的政府，即保留帝制，但受适当的宪法约束，应尽量使这种结构比过去更灵活，使之能适应环境，发展进步。可以废黜摄政王；如果有利的话，可以迫使幼帝逊位，而遴选一个成年的皇室成员接替他的位置。

形势比人强。当严复提出这些建议不久，南北各方达成和解协议，清帝退位，优待皇室，五族共和，由袁世凯出任中华民国大总统。这一切虽然不是严复的理想，不是他的君宪原则。但事已至此，这些妥协似乎也是一个可以接受的选项，因而没过多久，严复欣然接受中华民国大总统袁世凯的任命，接管京师大学堂，毫无眷恋地抛弃君宪主义，坦然进入一个全新时代。

伊藤博文（1841–1909），日本长州（今山口县西北部）人。近代政治家，长州五杰之一，明治九元老中的一人，日本第一个内阁总理大臣，首任韩国总监，明治宪法之父。1909年10月，伊藤博文在哈尔滨遭朝鲜爱国义士安重根刺杀而身亡。

两个人的甲午

——李鸿章与伊藤博文

一百二十年前的甲午战争，以中国的完败而结束，先前几十年的国力增长顷刻间化为乌有。中国人的自信心受到严重打击，此后的中国，维新、变法、新政、宪政、革命、共和，直至 1915 年重回帝制。中国在短短二十年，模拟、实验了人类历史上几个阶段的体制，一波比一波更激进。中国人始终不解的一个疑团是：

为什么一个大国不敌小国？探究的结果，许多人认为中国在甲午战争中的失败并不反映中、日两国真实力量，而是李鸿章不敌伊藤博文。因此，许多人将中国之败尽归李鸿章一人。

惺惺相惜

在一定意义上说，历史确实是英雄创造的，人民群众不过是陪衬。中国的失败是李鸿章等人决策、指挥失误，而日本的成功，就是伊藤博文、陆奥宗光等人的侥幸。历史当然可以这样书写。只是将一场战争的输赢完全归于一两个人，似乎太简单。所以，梁启超在为李鸿章作传时强调：

若以中国之失政而尽归于李鸿章一人，李鸿章一人
不足惜，而彼执政误国之枢臣，反得有所诿以辞斧钺，
而我四万万人放弃国民之责任者，亦且不复自知其罪也。
西报有论者，曰日本非与中国战，实与李鸿章一人战耳。
其言虽稍过，然亦近之。

　　梁启超不同意将甲午战败的全部责任归于李鸿章，引申
强调，由于特殊条件，中、日两国间的战争，就中方而言，
简直就是李鸿章以一人敌一国。

　　李鸿章或许没有西方论者、梁启超所说的那样伟大，但
李鸿章确实是一个令对手敬佩的人，几十年与李鸿章数度交
手的伊藤博文，不止一次表示，李鸿章是中国唯一有能耐与
列强一争长短的人。

　　伊藤博文与李鸿章打了几十年交道，他对这位长者一直心
存敬仰。而李鸿章对这位年轻自己十八岁的后生也一直抱持欣
赏的态度，几十年数度交往，不管愉快，还是失望，李鸿章并
没有贬低过伊藤博文，始终有一种棋逢对手的快感。这是后人
不太容易理解的情结。真实的说法应该是，甲午之战是中、日
两国为朝鲜前途而战，又是李鸿章与伊藤博文"两个人的战争"。

　　甲午战争即便经过马关议和认真算账，大致了结，但在
李鸿章、伊藤博文的感觉中，事情依然没有完。第二年，李
鸿章不管年迈路远，也不管朝野风言风语，风尘仆仆前往俄、
德等欧美国家，为中国前途奔波。又过了两年，辞去内阁总
理大臣职务的伊藤博文前往中国游历，抵达北京迅即前往贤

良寺拜望李鸿章，除了表达自己对这位前辈对手的敬意，不忘顺带讥讽李中堂此次欧美之行为中国在北方"建造了一个伟大势力的屏障"（林权助：《戊戌政变的当时》，《戊戌变法》第3册，第570页）。

李鸿章、伊藤博文均为十九世纪下半叶东亚最伟大的政治家，他们两人为各自国家做出了不朽贡献。如果一定要说他们的差别，那么李鸿章与伊藤博文相比，还是因时代落差稍逊风骚，缺少了一点远见。

基于中国悠久的历史传统，特别是两次鸦片战争被打败后的被动觉醒，李鸿章在追随曾国藩那一代精神领袖的时候，确实发自内心相信中国文明的永恒，相信中国文明并不会因为暂时落伍而退出。李鸿章那一代人不明白中西之异不是先进与落后，不是西方先走了一段，中国可以赶上来。

伊藤博文在这一点上就比李鸿章高明些，毕竟伊藤是明治维新的重要参与者，青年时代又有机会留学英伦，目睹并真切体会了西方的富强，知道富强对西方来说只是表象，支撑富强的还是制度、文明因素。东西之异不是西方人先走几步，而是东、西两种文明代表了两个时代。如何基于现代工业文明重构日本政治制度，是伊藤博文此后政治生涯的全部使命，也是日本最后成功的关键。日本在1894年打败中国，实际上就是伊藤博文那代人构建的制度战胜了李鸿章那代人坚守的"中体西用"。

现代与传统

李鸿章给中国的贡献在洋务新政，他与乃师曾国藩等人在打败太平天国前后，出于最现实的政治考量，发起了一场异乎寻常的"体制革命"，将先前数十年对西方文明的抗拒转为"有限度接受"。从强兵到富国，中国开启了一个新时代。所谓"同光中兴"，让一度陷于谷底的中国人唤醒对固有文明的认同，这是一个了不起的贡献。

但是，李鸿章不清楚经济与政治的关联，不知道中国问题的根本症结究竟在哪里。李鸿章的幕僚马建忠，很早就根据在欧洲的实地观察提醒李鸿章，西方的富强并不是简单的富国强兵，更不是那点坚船利炮，而是一种制度、一种文化，中国必须抛弃"中心主义"错觉，必须抱有欣赏的态度看待西方社会的进步，必须从制度层面、文化层面学习西方。假如李鸿章那时能够听进并采纳这批具有西方背景谋士的建议，中国即便较日本迟些，也一定会构建一个全新价值观，在东亚区域整合中共同努力。无奈，李鸿章那代人没有办法从传统中走出，他的理念还停留在"中国中心主义"，不愿直面那个真实的世界。

基于"中国中心主义"，李鸿章无法容忍"宗藩解体"，只要还有可能，李鸿章那代人一定会继续维护以中国为中心的宗藩体制。所以，当日本吞并琉球，废藩置县时，中国没有帮助，是因为力量不具备。当中国稍有力量，法国人试图染指越南时，清政府出兵抗争。因此，当日本试图踏上朝鲜半岛，李鸿章当然不会同意。他几十年的外交生涯，除与西方列强打交道，就是对日交涉，就是防止日本侵害中国利益。

与李鸿章情形相当，伊藤博文几十年政治生涯，一方面引领日本走向世界，渐渐成为国际主流社会的一员；另一方面就是地缘政治，就是与朝鲜，与中国交涉。不过，日本毕竟经过"近代化"洗礼，日本对朝鲜的觊觎、染指，在近代早期，即在"日韩合邦"之前，也就是说，在伊藤博文被刺杀之前，说到底还是一个"近代意义"上的"势力范围"，不再是传统意义上的宗藩体制。

像西方国家一样，日本出于地缘政治考量，一直试图打开朝鲜大门，通商贸易。但朝鲜是中国的属国，日本像其他国家一样，没有中国的帮助不可能进入。而中国出于地缘政治考量，很难主动帮助各国进入朝鲜。所谓"番国自主"，就是告诉各国不要这样想。

西方各国没有顺利进入朝鲜，只有日本既有迫切需要，又懂得"番国自主"真切含义。日本利用1875年"云扬"号事件，软硬兼施让朝鲜与日本达成通商协议，即《江华条约》。

《江华条约》是朝日直接交往的开始，是中国外交的失败。中国，特别是李鸿章当然不会轻易接受日本的这种安排。此后几年，中国绝地反击，利用壬午兵变、甲申政变，重新夺回了对朝鲜的控制权，让朝鲜继续留在中国的宗藩体制中，尽管到了这个时候，中国的番邦仅剩下朝鲜一个。

为甲申政变善后，伊藤博文专程前往天津，与李鸿章会谈。李鸿章此时正忙于越南问题善后，担心日本借题发挥，让中国两面受困。特别是，李鸿章很清楚，甲申政变在最后关头出现有利于中国的转机，主要是因为驻扎在朝鲜的袁世凯当机立断，率兵冲进朝鲜王宫，赶走了日本公使。

李鸿章担心伊藤博文在这些细节上纠缠，不料伊藤博文出于更远的考虑，大度接受了中方的解释。伊藤博文的大度让李鸿章感动。感动之余，李鸿章做出一个令人诧异的自选动作，郑重其事告诉伊藤：

> 我有一大议论，预为言明，我知贵国现无侵占朝鲜之意，嗣后若日本有此事，中国必派兵争战；中国有侵占朝鲜之事，日本亦可派兵争战；若他国有侵占朝鲜之事，中日两国皆当派兵救护。缘朝鲜关系我两国紧要藩篱，不得不加顾虑，目前无事，姑议撤兵可耳。（《李文忠公全书》"译署函稿"卷十六，第37页）

李鸿章显然是对伊藤立场的善意回应，其作出的让步远远超出伊藤预想。伊藤对这段话非常感动，以为李鸿章所说"光明正大，极有远见"（《清光绪朝中日交涉史料》卷七，第40页），希望两国按照这个思路共同维护东北亚稳定。

各为其主

伊、李天津交涉，现在的讨论众说纷纭。但从当时情形说，中、日两国并非必然走向敌对，利益的交集并不必然冲突，两国政治家如果心怀坦诚，和平可期，战争必然远去。不过，也必须承认，李鸿章的"大议论"让中国先前一直不愿承认的问题发生质变。朝鲜不再是中国一家的附属国，朝鲜如再发生类似壬午、甲申之类事情，中国出兵时，一定会告诉日本。而日本也有类似权利。这远出乎日本的期待。当然，这个共识为十年后的战争埋下了"毁灭的种子"。

1894年5月底，持续数月的东学党抗争让世界各大国心烦意乱，各国在朝利益受到威胁，各国军舰云集朝鲜周边。中、日两国由于地缘之便，利益最大。朝鲜政府没有力量稳定秩序，中、日两国驻朝外交官格外焦虑。日本希望中国伸出援助之手，出兵朝鲜。李鸿章碍于十年前的共识，并不愿意接受这样的安排。无奈，朝鲜局势日趋恶化，朝鲜政府郑重其事请求中国出兵。

朝鲜的请求使中国找到了法理依据，日本的推动说明他们在这个时候承认中国与朝鲜具有特殊关系。对中国来说，这是《江华条约》后巨大外交收获，因此，李鸿章稍事犹豫还是派兵援朝。李鸿章记得十年前的约定，他通过外交渠道向日本通报出兵消息。日本在获悉消息后，迅即成立大本营予以应对，其规模、动机，不能不让人忧虑，也势必将李鸿章置于尴尬境地。

对于日本的动机，李鸿章没有恶意猜测，但鉴于朝鲜局势在清军抵达后渐趋平静，李鸿章建议中日共同撤军。无奈，日本内部强硬派久欲扭转在朝被动，节外生枝提议中、日两国"共同改革朝鲜内政"。

日本的动议蕴含着对中国宗主权的否定，因而李鸿章不愿答应。李鸿章没有利用外交渠道与伊藤博文直接交涉，而是将希望寄托在列强调停上，更没有与日本在朝鲜顽强对抗的预案，结果让日本占了上风。"高升号"事件、成欢驿之战、平壤之战，直至黄海大战，中国一路溃败。不得已，李鸿章在1895年春前往马关，与伊藤博文谈判。

马关谈判关涉两国利益，最后达成的协议也是中、日两国地位转变的分水岭。这场谈判主要在李鸿章、伊藤博文之间进行，他们各为其主，坚持原则，又注意适度妥协、退让。李鸿章恰如其分地利用被刺事件打出悲情牌，让伊藤博文不得不做出一些让步，先前费尽心机要求而不得的停战议和终于因此而实现。

经过数轮艰难谈判，李鸿章与伊藤博文终于达成共识，并经两国最高层同意。这不是李鸿章的私事，也不是他可以独自作出决定的小事。但毕竟此次损失太大，李鸿章在4月15日下午最后一次会谈时依然竭尽全力作了最后一次努力，近乎哀求伊藤博文尽量让些赔款数额，哪怕作为一个老人回程旅费。

李鸿章的哀鸣并没有打动伊藤博文，但让伊藤以及他的日本同事很久不能理解的是，他们吃到嘴里的辽东半岛，竟还是让李鸿章"以夷制夷"外交方针要回去了。战场上不如人，使李鸿章的外交处处吃紧；而战场上不如人，又是李鸿章那一代人不知道像伊藤博文那样改造体制。

吃一堑长一智。甲午战争的失败既是近代中国前半段的结束，如果从资本主义发展，从政治体制改革而言，如果没有甲午一战，中国不可能在1895年转身向东学习日本，开始维新。历史的因果关联很难一言以蔽之。十九世纪晚期东亚格局的转变，如果不是李鸿章、伊藤博文两人，又会是怎样的结果呢？

那些忧伤的年轻人

晚清的政治改革确实是为了消弭革命，为了共建一个和谐社会，而且也只是短短两年时间，清政府主导的政治改革就取得了惊人成就，一拨又一拨的革命者离开革命阵营回国了回归了，义无反顾投身到朝廷主导的政治变革中来了。过去我们不理解这些转变，总是以异样眼光将他们视为叛徒，视为清政府的鹰犬。其实，从大历史背景重新观察，我们发现不论是作为生命个体，还是作为一个社会中的人，这些革命者不再革命，都是善莫大焉。

晚清十年，革命与改良处在竞争态势：革命进入了顺境，可能在一定程度上表明清政府主导的改良陷入了泥潭；而当改良进入了坦途，一般地说，革命可能就陷入了低谷。这种跷跷板的政治现象对于绝大多数略怀政治情怀的青年读书人来说，或许昨天还是一个革命党人，今天却因认同了清政府的政治改良而转变，明天又因为发现清政府的政治改良不彻底不真诚，又放弃了改良而投身革命。对于这些现象，那一代亲历其事的人多能理解，并不会从政治操守上评价这种摇摆或跟风。但到了后来，到革命成为一种绝对价值观之后，在革命与改良之间摇摆，特别是从革命摇摆回改良的人们，总是或多或少成为被嘲弄的对象，刘师培或许就是一个比较典型的代表。

一个激进青年的成长

如果从其家族家庭背景说，刘师培出身于江苏仪征的大户人家，诗书传家，书香门第。其曾祖刘文淇，祖父刘毓崧，伯父刘寿曾，父刘贵曾，都是恪守乾嘉汉学传统的大学者。更令人感佩的是，刘氏家族代代相传的学问就是一部《春秋左氏传》，他们一代又一代地在这部经典的注释、理解、阐释上下功夫。如果没有他们几代人的努力，我们今天很难弄明白《左传》中的人和事。

浓厚的文化氛围，相对小康的经济基础，使刘师培自幼接受了良好的家庭教育，饱读经史，过目成诵，记忆力、理解力非凡，有"神童"之誉，因而也被其家族寄予很大希望，希望他能够在中国士大夫的传统道路上步步登高，捷报连传，中秀才，得举人，成进士，点状元，直至成为王者师、人上人，光宗耀祖。

然而，或许是因为刘师培太聪明了，或许因为他少年得志太顺利了，他在1901年十八岁那年中秀才，第二年一鼓作气得举人。第三年，他原本准备梅开三度，成进士。不料竟在关键时刻掉链子，名落孙山。

传统士大夫的科举考试已成强弩之末，清政府在1901年新政开始后，更多的有志青年都看到未来出路可能不在科举考试上，而是要有海外经历、留学背景，要有新知识。所以，刘师培在1903年初次失败后并没有心灰意冷，他只是学会了选择，选择了放弃，放弃家族长者对他的期待，放弃继续沿着中进士点翰林这条老路亦步亦趋。

学会放弃的刘师培并没有像其他失意学子那样闷闷不乐整天焦虑，而是在归途中一路游山玩水，拜师访友，经徐州，至扬州，又到镇江、南京，先后拜访缪荃孙、杨文会，并意外结识了章太炎、章士钊等学问好、思想新，且具有反满思想的革命志士，刘师培的人生道路由此根本改变。

那一年，章太炎三十四岁，刘师培不到二十岁。章太炎不仅在学术界享有相当声誉，受到江浙知识界大佬垂青、表彰与提携，而且章太炎自从走出诂经精舍，一再在学术圈惹是生非，与康有为、梁鼎芬等成名学者斗嘴骂架；与政治大佬张之洞、李鸿章勾肩搭背，然后不欢而散。特别是他说话不知轻重不计后果，已经多次被清政府列为危险分子，受到通缉。此时，章太炎正躲在租界里与一批反政府反体制的年轻人一起鼓吹排满革命，年轻的刘师培受到他们的感染，毅然决然加入了这个行列，成为中国教育会的成员。

《苏报》案发生后，章太炎、邹容等志士被抓捕被审讯被判刑，但这都没有吓倒刘师培。刘师培反而因此更趋激烈，因沙皇俄国拒不从东三省撤军，而与蔡元培、叶瀚等人一道发起成立"对俄同志会"，创办《俄事警闻》，日以危言警惕国人。他们意识到，日俄战争即将爆发，这对中国来说是一个极好的机会。中国应该趁着这个机会帮助日本对抗俄国，所以他们号召组织义勇军，准备到前线与俄国人对着干。不久，《俄事警闻》更名为《警钟日报》，俨然以继承章士钊、章太炎、邹容等一系的《苏报》自任。从此后，青年刘师培油然萌生光复汉族的革命志向，踏上激进主义不归路。

从后来的立场去反观刘师培那拨人当时的政治选择，他们和孙中山可能还是有区别的。孙中山从一开始就认定必须要推翻满人建立的政权，光复中华，恢复汉族的国家。刘师培这拨人虽然也强调"光汉"，强调光复，但他们之所以走上革命道路、排满道路，主要还是因为清政府在1901年发布新政诏书后，更多的时候是只说不做，中国在外交特别是在东三省外交上步步退让，使这些热血青年实在看不下去，所以接受革命思想、排满思想，走上激进主义道路。

1904年，随着中国外交危机加深，刘师培的思想更加激进，他相继参加了蔡元培等人组织的军国民教育会、暗杀团，并拥戴还在西牢监狱服刑的章太炎为精神领袖，参与组织成立光复会，成为光复会首批成员。这段时间，刘师培的思想走到极端状态，他自己似乎也知道这一点，因而在一些文章中直接署名为"激烈派第一人"。

革命陷入困境

同年，刘师培回乡与何班结婚，或许是因为要刻意反传统，他们两人并没有在故乡举行传统婚礼，就一起返回上海共同生活，何班随即进入爱国学社读书，很快成为激烈的女权主义者，并将自己的名字改为何震。

此后数年，刘师培夫妇参加了刺杀广西巡抚王之春活动，然后因《警钟日报》被查封而游走苏、皖等地，结识革命志士陈独秀，并一起发起成立"岳王会"，推崇岳飞的爱国主义精神，以推翻清朝为职志。

1907 年年初，刘师培夫妇东渡日本，投靠孙中山，加入同盟会，并很快成为《民报》主要撰稿人和编辑人，在《民报》相继发表了一组有思想深度又有学术力度的革命文章，既有时代感，体现了革命党人浓厚的革命气息，又有书卷气，展示了革命党方面不弱于康有为、梁启超改良主义的学术素养。这段时期的政论文章不仅是刘师培一生最精彩的文字，也充分展示了刘师培的学识、见解和理论功底。

或许是因为刘师培夫妇年龄尚轻，或许因为刘师培、何震思想还不成熟，他们到了日本不久，就被当时最为流行的无政府主义宣传所迷惑，立即从激烈的反满主义者转变为无政府主义者。何震很快发起成立了"女子复权会"，并创设机关刊物《天义报》，夫妻两个以此为基础进行打拼，居然很快产生巨大影响，章太炎、张继等人相继都被这种无政府主义理论的实用、精致所迷惑，留日学生产生更多无政府主义信仰者。

那时的无政府主义其实是一个理论上的大杂烩，既推崇俄国克鲁泡特金的无政府主义学说，也推崇俄国 1905 年革命，推崇马克思、恩格斯的《共产党宣言》，推崇社会主义和共产主义，他们为此创设社会主义讲习会，不遗余力地向中国人介绍社会主义理论，介绍一切激进的反传统思想，恨不得中国能够在一天之内变个样。

刘师培、何震的激进思想受到章太炎的赏识，那也是他们几个人友好相处共同发展的最好时光。然而这种好景不长，由于清政府立宪运动开始，各种原先反对清政府的政治力量开始回流，主流已经由原先的革命转为改良，清政府也趁着这个机会不断向日本政府施加压力，利用日本政府在东三省谈判等一系列外交问题上有求于中国，要求日本政府对流亡在那儿的中国人严加管束，对于他们编辑主办的反政府反体制刊物严加查禁。日本政府当然没有完全接受清政府的要求，但革命党人从那个时候开始就觉得日子不像过去那么自由了，革命党内部矛盾也因外部压力日趋呈现，这就使章太炎心灰意冷，出家为僧或者前往印度当和尚研究佛经的想法日趋强烈，又有更加性情的苏曼殊从中鼓动，两个人一拍即合，真的准备前往西天取经。

　　章太炎、苏曼殊的想法因革命受挫而起，时在1907年秋前后。此时有这个压力的也不止他们两人，刘师培、何震等流亡在海外的革命党其实都有类似的外部压力和另寻出路的冲动。根据苏曼殊的记述，刘师培准备于1908年春天从日本返回上海，看看能不能在那里找个事情做，因为革命遇到了困难，他们在东京的生活都成了问题，况且他的母亲刘老太太对于异国生活也比较厌倦，于是刘师培夫妇在1907年秋天决定由何震先回国查看情形，与相关方面探讨一下可能性。至于刘师培敢于回上海找个事情，当然是自信在日本并没有作恶，并没有太多的政治把柄，还不能算革命党人的首领，所以说他想回国回归主流，加入朝廷主导的政治变革，估计也没有太大的错。

　　根据何震的说法，章太炎知道清政府驻日本长崎领事卞绂昌是张之洞的女婿，所以章太炎在心灰意冷对革命失望乃至绝望时，曾经通过卞绂昌致函张之洞，誓言从此后绝不革命，绝不与闻政治，且言中国革命绝难成功；表示如果张之洞能够看在多年前交往的分上，提供一笔巨款，那么他章太炎心甘情愿放弃革命前往印度出家为僧，研读佛经。何震说，章太炎对这封信并没有刻意保密，曾经交给刘师培看过。而揆诸情理和当时革命党人的处境，章太炎的这个想法并不难理解，他只是表示不再革命，并没有像更多的人那样背叛革命，走向反革命。

章太炎写给张之洞的信是在何震回国前即 1907 年秋直接交寄或者通过卞绂昌寄出的，然而久久没有下文，这不能不让章太炎焦虑。所以当何震回国时，章太炎理所当然委托她设法打听并见机促动。何震答应相机帮忙。所以当何震到了上海后，章太炎又写了几封信催问情形。

何震的活动力确实不得了，或者说朝廷由于此时已经开始了宪政改革，也不希望与那些革命者继续为敌，欢迎他们回归主流，所以到了 1907 年 12 月上旬，刘师培就被何震叫回国内，安抵上海，与苏曼殊、柳亚子等人欢聚，并没有遇到什么困难或不便。

刘师培夫妇既然知道章太炎曾致信张之洞，知道章太炎与清政府也有错综复杂的关系，因而他们夫妇在上海也留有一手，由刘师培出面致信章太炎，表示为章太炎所托事情估计张之洞那里希望不大，现在正在想法与两江总督端方进行交涉。张之洞、端方都有附庸风雅的爱好，这大概也是章太炎、刘师培想到他们的一个原因。

回归主流

在国内经与各方面的接触，特别是何震在南京各地的活动，两江总督兼南洋大臣端方似乎对刘师培的情形已经比较同情，愿意接受刘师培回归主流。其实，每一个造反者都有被动的原因和不得已的苦衷，而每一个造反者其实也都随时等待着招安。所以端方的大度和安抚很容易感动刘师培这样原本就很柔弱很感性的读书人，刘师培遂不管不顾，于1908年初上书端方，表示愿意放弃革命，回归主流，加入政治变革的队伍。

在这封长信中，刘师培先介绍了自己的家族和家学渊源，介绍自己的教育背景和学术旨趣，承认自己年轻幼稚，在革命思想影响下，揭民族主义为标，托言光复旧物，以为这些思想合乎中国思想传统，合乎中外华夷之辩，所以在过去很长一段时间，嗜读明季佚史，以清军入关之初，行军或流于惨酷，辄废书兴叹，排满革命思想慢慢积累。

刘师培在这封上书中并没有刻意检举揭发革命党人，而是根据他对中国问题的认识，就朝廷政治改革所应该走的路提供自己的看法。他认为，中国国情国体与欧洲及日本都有很大不同。欧洲、日本均由封建制度变为宪政制度，都比较顺利，而中国由于早已走出分封建国的封建时代，政治偏于放任，以农业为国本，以聚敛为民贼，故以薄赋轻徭为善政。所以中国问题并不在政治民主化，而是执政者能否抑制豪强，关爱黎元。

根据这些认识，刘师培在这份建议书中也说了不少改革建议，建议清政府恢复传统中国民本主义传统，矫正新政过分偏重发展、偏重富国、偏重强兵的误差，以人民福祉为依归，轻徭薄赋。

对于刘师培的这些建议，在过去的研究中，一般被视为刘师培背叛了革命，向反动的清政府"献策"，向清政府讨好。这是从革命者的视角进行观察而得出的结论。其实，当历史又走过了一百多年，当清朝的历史已经自然而然地融为中华民族五千年历史的一部分，我们为什么不能认同刘师培向主流社会回归呢？为什么一定要求他革命到底呢？清政府如果采纳了他的这些建议，惠民爱民，以民为本，为什么不能成为中国政治发展的一个选项呢？

历史发展具有丰富的多样性和多种可能，在晚清十年政治历程中，除了革命与改良，其实还有很多介于二者之间或之外的政治主张，以温情和善意重新回看自己民族的历史，还是应该承认存在的或许都有或多或少的道理。因而从这个意义上说，刘师培那拨回归社会主流的人，主要还是因为朝廷主动变革，改良主义的前景已经展现出来，所以他不愿继续从事暴烈的政治革命了。

流血的革命毕竟是人类社会不得已的一种手段，能够减少流血，减少牺牲，能够进行和平变革，就不应该选择暴力革命。当然，如果统治者只是以虚情假意欺骗人民，那么还是应该像孙中山等革命党人那样，义无反顾地高举革命的旗帜。

回望历史，我们只是希望更多理解和宽容。

　　章太炎（1869—1936），原名学乘，字枚叔，浙江余杭人。清末民初思想家，史学家，民主主义革命者。著名学者，研究范围涉及小学、历史、哲学、政治、佛学、医学等等。

绅商：革命与妥协

所谓近代中国资产阶级，用中国老话说就是"绅商"，是从传统商人演化而来的新商人。过往几十年，我们习惯于蔑视近代中国资产阶级，以为这个阶级是一个矛盾体，既具有引领中国进步的革命性，又对旧势力总是妥协。革命性与妥协性矛盾交织，因而使近代中国总是裹足不前，循环往复。

传统中国，是一个由"士农工商"四个社会阶层构成的"四民社会"。其中，士的地位最高，排行第一；商的地位最低，排行最末。为什么会出现这样一种状况，主要是因为中国商人传统太悠久了，能力太无敌了。

读《史记·货殖列传》，我们知道春秋战国北方大部分地区拥有繁华的商业中心，商人成为那个时代的社会中心，引领时尚。更重要的是，中国商人似乎具有"大商人"的潜质，真正的商人从来不斤斤于蝇头小利，要做的是大生意，而最大的生意无疑类似于吕不韦那样的政治投资，投资一个国家的未来，长期持有，不断增持。

或许因为中国商人的能力太强大了，所以当秦汉王朝统一中国后，真正威胁中央集权的，并不是那些文弱书生，而是那些纵横捭阖的商人。政治统治者越来越清楚，如果放任商人，中央集权势必瓦解，中国社会必将解体，这对于以农业立国的传统中国来说，当然是一件比较可怕的事。所以，到了西汉中期，为了维护中央集权，经济体制上有一个重大举措，就是盐铁专营，将涉及那时国计民生的基础产业统统交给"国有企业"垄断经营，禁止商人插手，以此遏制商业资本增长，遏制商人势力。传统中国将商人列为"士农工商"四民社会之末，从这里或许能够获得一点启示——对商人资本的遏制有助于传统中国社会"超稳定结构"形成。

但当英国工业革命发生，中国不得不进入近代门槛后，商业资本不再是社会结构的破坏力量，不再是扰乱政治的武器。传统商人在近代中国逐渐脱颖而出，除了拥有商业资本外，还拥有智慧，拥有对未来对政治的敏锐观察及判断力，渐渐成为中国社会的中坚阶级，成为社会进步发展的中坚力量。

历史主义地观察近代中国绅商，他们不仅是中国社会的"先富阶级"，而且因为职业，他们对外国最了解，他们最早接受商业中的契约原则，重信誉重然诺，尊重国际通行商业规则。

与国际资本亲密接触，导致近代中国绅商阶层具有很不一般的国际视野和世界意识，他们知道世界走到了哪一步，也知道中国应该怎样走。所以当中国在十九世纪七八十年代还陶醉在"中体西用"的洋务新政巨大成功时，先知先觉的绅商就敏锐发现了那种增长方式不可持续，建议朝廷加大政治改革力度，以为中国即便不能像日本那样转身向西，脱亚入欧，全盘西化，融入西方，但也不能刻意强调中国本位，强调特色。中国必须遵循人类共有价值理念，必须遵循工业革命后人类一切文明发现和制度创造。

这批绅商，我们后来称之为"洋务思想家"，他们中的王韬、冯桂芬、马建忠、薛福成、郑观应、陈炽、何启、胡礼垣、邵作舟等，都或多或少具有商人经历或天赋，或与商人有过密切交往，或本人就是大商人。像郑观应，本来就是红顶商人，是招商局的"高管"，是地地道道的白领或买办。他们在经商同时或之余广泛阅读，深入思考，比较中西，总是想着为中国提供一个比较正确的方向。

郑观应的名著《盛世危言》，就是他经商之余的读书体会，谈教育，谈海防，谈商务，谈商战，一个个具体问题迫使郑观应深入思索，他又把这些思索写出来影响社会。他的这些看法在十九世纪八十年代被知识界视为警世良言，但并没有引起政治层面的重视。直至甲午战败，人们重新阅读郑观应这些振聋发聩的名篇时，人们无不后悔当年没有注意到这些逆耳之言，无不后悔当年陶醉在虚假繁荣中的无知与偏见。

思想上的超前与引领，是绅商阶层在近代中国的巨大贡献，此后谈洋务，谈变革，谈维新，谈教育，谈实业，谈资本，中国社会各个层面都受到绅商阶层的深刻影响。直至武昌起义，如果没有绅商阶层的回应和支持，就不可能有南京临时政府，不可能有南北妥协、清帝退位。

绅商在晚清二十年政治变革中功绩巨大，张謇就是绅商的杰出代表，他知道什么时候中国应该君主立宪，当君主立宪之路实在走不通时，他又知道怎样引领中国和平安全走向共和。我们从张謇身上看到了革命性与妥协性的完美结合。那不是缺点，而是优点。革命性使绅商不拘泥于传统，知道追赶世界潮流；妥协性使他们不偏激不冒进。当改革没有最后绝望时决不轻言放弃，当革命潮流不可阻挡时决不自不量力螳臂当车。

别了，皇上

1898 年的政治变革揭开了中国走上君主立宪的序幕，光绪帝虽然没有明确作出这样的政治宣示，但其行动已经表明中国要向日本学习，走明治维新的道路，以构建一个君主立宪国家。只是后来因为种种原因，这个计划被耽搁，直至二十世纪初新政再启，君主立宪重回中国人的视野，也由此涌现出一批职业政治家。他们在后来的政治变动尤其是从立宪向共和的转变中发挥了巨大作用，南通张謇就是影响最大者。

体制内抗争

张謇曾经对日本的君主立宪长期保持关注。日俄战争开打后，他敏锐意识到日本将战胜俄国，胜败的关键不在国土、人口、兵力，而在体制。日本的立宪体制使其致力于实业教育三十年，因此有足够的力量与中国、俄国抗衡。

不久之后，日本在日俄战争中取胜，的确证实了张謇的预见。与此同时，体制内的驻外使节如孙宝琦、胡惟德、张德彝及一些督抚朝臣纷纷转变立场，认为只有立宪可以防止中国重蹈俄国覆辙。有以他们为代表的立宪派与朝野上下寻求变革的力量推动，更因为在家天下时代，对于朝廷有利的事情，朝廷都会欣然接受，经过一番讨论和考察后，清政府于1906年秋天郑重宣布预备立宪，争取用九年时间将中国带上日本那样的立宪国家道路。

所谓九年准备其实正表明了一种郑重其事的态度。清政府希望在确定方向之后脚踏实地、稳步进行，推行"有计划政治"：先推动官制改革，再参照东西洋各国重定法律，接着广兴教育，清理财政，整顿武备。按照当时清政府的规划，经过这些稳扎稳打的筹备后，立宪大业自然会水到渠成。

对于清政府的稳重方案，焦急的立宪党人当然有点不太愿意接受，他们急切期待用立宪摆脱危机，富国强兵。在清政府预备立宪谕旨颁布不久，张謇与汤寿潜、郑孝胥等立宪党人积极活动起来，力促清政府加快立宪步伐。经过反复计议，他们联络江浙闽粤等地近三百名立宪党人在上海创办"预备立宪公会"，出版报刊，宣传宪政；编纂商法和公司法，以保护商人利益，促进工商业健康发展；开办法政讲习所，培养立宪人才。经过这些筹备，预备立宪公会又联络其他政治团体，尝试举行请愿运动，以早日将中国带上立宪轨道。

张謇和预备立宪公会的领导人确实具有相当能量，他们很快联络全国各地十多个相关团体一起向朝廷施压。面对如此压力，清政府也做出一些善意回应，一再重申立宪方向不变，并同意在中央创设资政院，在各省创设咨议局。这是中国几千年历史上从未有过的。

各省咨议局和中央资政院为立宪党人的活动提供了合法平台，张謇等人利用这个平台做了大量工作，短短几年，立宪思想逐渐深入人心，各省督抚在咨议局的咨询、问责下，渐渐觉得不太舒服，甚至有点"官不聊生"的感觉。

　　从立宪党人的立场说，咨议局并不是一个完全议会，只是一个议政机构，并不具有立法资格。各省议员在经过一段时间实践后，也感到这种准议会性质不利于宪政推行，因此他们格外期待朝廷能够速开国会，组织责任政府。这就是国会请愿运动的来历。

　　张謇等人发动的国会请愿运动是一种体制内抗争，在认同体制的前提下建议加速改革。这些建议虽有违于朝廷"有计划政治"，但其心可嘉，经过几番争取奋争后，朝廷还是在第三次请愿发生时作出提前召集国会组织责任内阁的承诺，决定在 1913 年召集正式国会，在此之前先将官制厘定，并预行组织内阁。

最后的善意释放

　　此次清政府对九年预备立宪的调整是真诚的，只是在人们接受了这一调整方案，静候按部就班厘定官制，特别是预行组织内阁时，却出了大问题。

　　1911 年 5 月 8 日，清政府宣布第一届责任内阁名单，十三位阁员中竟有九人为皇室或皇族，这无异于军机处的亲贵内阁。皇族内阁一出台，立刻引起立宪党人普遍反对，张謇也在第一时间敏感意识到清政府的这一举措不仅违反祖制，而且处理得不好，势必导致人心皆失，一场巨大的政治动荡将不可避免。

君主立宪是张謇那一代中国人苦苦探究十多年的结果，也是那一代中国人认为最合乎中国的道路，君主专制既然已成历史，民主立宪又不想要，只有君主立宪这条路。现在君主立宪弄成这个样子，满洲贵族对权力的垄断已经变得疯狂而肆无忌惮，这不能不使以张謇为代表的老立宪党人异常愤怒。

愤怒归愤怒，出于大局考虑，张謇并未就此与清政府翻脸。而且，传统的君臣观念也影响着他，他只能忍气吞声，有话悄悄向皇上说。张謇为此联系汤寿潜、沈曾植、赵凤昌等人联名致信摄政王，旁征博引耐心劝告摄政王仿照"咸同年间"成例，重用汉大臣中有学问有阅历者，无论如何不能以国家为赌注，放任皇族和"高干子弟"胡作非为，因为如此垄断权力，必将丧失人心。

危急时刻，张謇还协同友人前往武汉拜访湖广总督。再至彰德，拜访二十多年未见面的袁世凯，详细交换对时局的看法。紧接着，张謇一行入京，与载泽、载洵、载涛、徐世昌、唐绍仪等政要频繁接触，并获摄政王接见。也就是在这次接见中，张謇向摄政王提出了"最后的忠告"，以为当时的外交有三大危险，内政有三大要事。

外交上的三大危险一是《中俄伊犁条约》；二是宣统五年《英日同盟条约》期满；三是美巴拿马运河告成，必有变故。至于内政三事，一是外省灾患迭见，民生困苦，朝廷须知民隐及咨议局事；二是商业困难，朝廷须设法振作；三是中美人民联合。

张謇面见摄政王时，出于稳妥，虽然对其有所忠告，但回避了最敏感的体制改革，尤其是皇族内阁、铁路国有等问题，选择了在随后与王室成员的交谈中再明白阐释自己的看法。对四川风起云涌的保路运动，张謇表示同情，建议载泽尽快与盛宣怀商量，调整方略，无论如何也要将那些集资修路的川民从这个政策的损失中剥离出来，不应该让他们承担政策的损失。他提议用中央财政将川民的集资款退回，然后集中力量追查川汉铁路公司及那些官绅的责任。

在多番努力未见成效后，张謇看到事已至此，所能做的只有为皇族内阁建言。在京期间，他没有过多就皇族内阁发表看法，等 8 月回到南方后，很快发表《请新内阁发表政见书》，在不反对皇族内阁前提下，提出三点建议，一是速发内阁新政见以刷新中外耳目；二是实行阁部会议加强中央各部门之间的沟通；三是建议国务大臣恢复幕府制度，选择优秀人才进入幕府议政。

转向共和

很显然，张謇这样的立宪党人对皇族内阁和铁路国有的反对，还是比较温和而有节制的。他似乎倾向于相信，大清王朝面对这样的政治危机应该能够化解，秩序应该能够得到恢复，毕竟这是一个两百多年的王朝，经历过那么多大风大浪，应当不会在这风浪中翻船。因此，即便武汉因成都保路风潮弄得一片恐慌，张謇还是在 10 月初到那里主持一个纺纱厂的开业仪式。

10 月 10 日晚 8 时，忙碌多天的张謇登上"襄阳丸"顺流东下，突然看见武昌草湖门一带起了大火。想起昨天曾有革命党人被查获处死，他估计这火灾或许是闹事者余党报复。船行二十里外犹见火光，此时张謇怎么也想不到他目睹了那场改变中国历史进程的大事件。那些大火就是湖北新军愤怒的火焰，他们不是为昨日被杀者复仇，而是发动了起义，是辛亥革命的开端。

作为立宪党领袖，张謇对革命本能地厌恶。两天后（12日）抵达南京，张謇第一件事就是劝说江宁将军铁良出兵援鄂平息动乱，并请铁良代奏朝廷立即施行立宪，改组内阁，平息国人愤怒。

张謇真诚希望社会稳定，不喜欢革命，为可能造成的社会动荡忧心忡忡。他在此后几天分别拜会两江总督张人俊、江苏巡抚程德全，对他们苦苦劝说，在得到程德全认可后，与雷奋等人代程德全及山东巡抚孙宝琦起草了一份奏折，请求朝廷立即改组内阁宣布立宪，标本兼治，剿抚并用，并建议对酿乱首祸盛宣怀严加惩处以谢天下，筹组责任内阁代皇上负起责任。

革命的发展超出了所有人预料。短短几天，湖北独立、湖南独立、山西独立、陕西独立、江西独立、云南独立，这股独立风潮像传染病一样传到江浙，传到上海，张謇等立宪党人坐立不安，却又无可奈何。他的立宪同志李平书出任光复后的沪军都督府民政长，他的亲信沈恩孚、黄炎培也到光复后的江苏都督府任职。许多地方平稳光复，和平过渡，使张謇对革命的恐惧大为减轻，他的思想也就在这时发生转变。

张謇意识到，革命既然已成为大势，谁也没有办法阻止，立宪与革命虽说有很大差异，但在目前形势下，立宪党人有责任与革命党保持合作，稳定社会，控制局面。11 月 8 日，张謇致信江宁将军铁良和两江总督张人俊，劝他们在动荡时期好自为之，千万不要让满汉战士兵戎相见，应该引导大家在共和主义理念指引下友好相处。这大约是张謇转向共和的最早证据。

和平光复势不可当，自武昌首义至张謇致信铁良等人不过三十二天，独立省份就已有十四个。这十四个独立省份当然并不都与朝廷严整对立，但清政府的政治危机至此已暴露无遗。先前十几年的立宪奋斗终于因清政府内部自私、不妥协而被彻底葬送，转向共和转向革命，也就成了张謇这批立宪党人无奈却必然的选择。

11 月 23 日，张謇在上海会同汤寿潜、熊希龄、赵凤昌等老立宪党人联名致电张家口商会转内外蒙古赞成共和。接着，张謇又与伍廷芳、唐文治联名致电摄政王，再进忠言，以为非共和无以免生灵之涂炭、保满汉之和平。君主立宪已成过去，为皇上为王爷计，此时若幡然改悟，共赞共和，以世界文明公理待国民，国民必能以安富尊荣之礼报皇室。

别了，皇上。这是中国人，也是张謇一个痛苦而又不能不作出的选择。

谁摘了袁世凯的顶戴

武昌起义爆发后不久，清政府起用罢官归隐三年之久的袁世凯，并在随后不断加大他的权力，希望袁世凯能够在危难时刻作为中流砥柱，拯救王朝。然而到了最后，重出江湖的袁世凯不仅没有力挽狂澜拯救大清，反而亲手将这个两百多年的帝国予以终结。更令人不解的是，作为大清王朝的内阁总理大臣，袁世凯并没有随着这个帝国的消逝再度归隐，反而成为此后中华民国大总统。更恶劣的是，过了几年，袁世凯帝制自为，试图建立中华帝国。这一系列变动弄得人们眼花缭乱，不由自主想起袁世凯在辛亥年出山之初种种作为，可能与其三年前罢官归隐有关。而那次罢官归隐之所以发生，似乎又与摄政王心胸狭隘、容不得这位汉人能臣有关。袁世凯之所以见死不救，甚至乘人之危攘夺天下，可能就是公报私仇，报复摄政王载沣迫使其归隐山林的一箭之仇。这个冤冤相报何时了的复仇故事非常合乎逻辑，合乎中国人的审美趣味和期待，于是这个故事讲了一百年也没有人怀疑。其实，这个故事是假的，与真实的历史相差甚远。

宠臣失宠

袁世凯是慈禧太后在李鸿章之后最为信赖的汉大臣，在慈禧太后最后几年掌握着相当的权力，对当时的一系列政治改革做出过重要贡献。当然他也得罪过不少人，多年来弹劾他的奏章一直不断。这种弹劾在专制政体下当然是一种政治威胁，然而被弹劾者如果真能经得起查，经得起考验，那么这些弹劾不但不会减分，反而会加分，成为被弹劾者升迁被重用的机会。

随着预备立宪在全国的推行，袁世凯于1907年奉命离开经营多年的直隶，调往中央参与军国要政，出任军机大臣兼外务部尚书。他与从湖广总督任上调来的张之洞一起，成为慈禧太后和光绪帝在生命最后岁月里最为倚重的汉大臣。张之洞任军机大臣兼管学部。

四十多岁的袁世凯是大清王朝的政治明星，年富力强的他与年迈的张之洞形成巨大的落差。他们都是两宫的心腹和仰赖对象，但从两宫立场说，对张之洞是回报，对袁世凯是期待，期待他在未来岁月中为大清王朝再建奇功。

袁世凯确实没有辜负两宫的期待。在那两年时间里，清政府的政治改革、经济改革，尤其是袁世凯主管的外交活动，获得了非凡成就，举国上下一片欣欣向荣的景象。在政治改革方面，经过几年实践，地方的谘议局运转逐渐成熟，中央层面的资政院也在发挥着相当作用，只是资政院毕竟不是正式议会，人们的政治期待就是能够早点儿召集正式国会，步入常态国家。各地的呼吁和内外大臣的建议符合朝廷的利益和国家利益，所以朝廷在 1908 年 8 月接受了这些建议，明显加快了立宪步伐。8 月 27 日，朝廷颁布了《钦定宪法大纲》，同时宣布立宪筹备清单，定九年后召开国会。现代中国的一丝曙光终于在东方地平线上显露出来了，中华帝国和平转轨为一个常态国家好像已经为时不远。

正像中国老话所说，祸兮福所倚，福兮祸所伏。正当举国欢庆这一政治进步时，或许是因为太过劳累，或许是因为太高兴了，光绪帝自 1907 年秋天开始犯病，1908 年 11 月初病危。13 日，慈禧太后懿旨命令将醇亲王载沣之子溥仪领到宫中，作为接班人培养。第二天（14 日），朝廷又以皇上的名义发布一道上谕，宣布此后朝会大典等重要典礼上诸王的座次及排序，都将摄政王排在最前面。这当然意味着摄政王载沣将担负起王朝的重要责任。

同一天（1908 年 11 月 14 日），大行皇帝龙御上宾，年仅三十八岁，因毕生没有生养龙子龙女，不得已过继他的弟弟——也就是现在这个摄政王载沣的长子溥仪为嗣，继任为新皇帝。因为这个小皇帝年龄太小，所以只是被抱养到宫中进行培养，王朝政治只好交给小皇帝的父亲摄政王载沣以监国的名义进行打理。所有军国政事，均由摄政王监国作出决定，裁度施行。当然，慈禧太后也对摄政王监国有个限定，即要求他遇有非常重大的事件，必须请光绪帝未亡人隆裕皇后给予最后决定。换言之，隆裕皇太后对于日常事务不予过问，只是在非常事件上拥有最后的否决权。在作了这些安排后，慈禧太后撒手西归，结束了长达四十八年的政治统治。此时距光绪帝去世不过二十四小时。

袁世凯是慈禧太后的红人、宠臣是不必怀疑的，他在两宫生命的最后岁月鞍前马后做出许多贡献。然而，在一朝天子一朝臣的君主专制体制下，旧时代的宠臣袁世凯能够成为新朝的重臣，其实是令人怀疑和忐忑不安的。尤其令人困惑的是，在光绪帝去世同一天，正在美国的康有为就大胆宣布，皇上的突然死亡是袁世凯的阴谋和加害。他甚至为此致电美国总统罗斯福，指控袁世凯试图变换中国君主，扰乱中国，因而请求美国政府联络各民主国家，对于清政府的非法行径予以谴责，对于清政府的权力变动不予承认，设法遏止袁世凯等政治势力上位。

　　康有为的说法当然没有多少证据和道理，只是当年流传较广的一个说法而已。不过，从中国政治的特有运转规律看，在两宫相继去世后，袁世凯还真是遇到了巨大麻烦，他确实在一夜之间失宠了。

　　袁世凯的失宠，当然是对接替慈禧太后和光绪帝主持大清国朝政的摄政王而言。这里面的真实情形可能不是我们过去所理解的那个样子。不过有一点确实不同，在两宫管事的时候，无论反对袁世凯的力量多么强大，都能被袁世凯柔性化解，也能被两宫压住；而现在不仅摄政王无意继续压住这些反对的声音，而且在某种程度上还期待着这种声音。毕竟一个新的政治架构刚刚建立的时候，一个强大的老臣对于新朝的主子无论如何都不是一件好事。

　　反对袁世凯的潜流一直不断，在慈禧太后活着的时候就是如此。1908年10月3日，号称刚正不阿的御史江春霖向朝廷上了一个折子，具疏弹劾袁世凯权势太重，尾大不掉，对朝廷是个威胁。其理由是袁世凯在 9 月 15 日（八月二十日）五十大寿时大肆张罗，拉帮结派，结党营私。江春霖给出的罪名很大，也举了许多例子，建议朝廷吸取以往权臣祸国的经验教训，防患于未然，严加惩处袁世凯。

江春霖是清末有名的御史，向来以敢言、敢与权臣死磕而出名。晚清自庆亲王、袁世凯、徐世昌至孙宝琦等大大小小权臣，不管著名不著名，权大还是权小，江春霖职责所在，从不姑息。据说他平生仅弹劾袁世凯一人就有八次之多，只是他的那些证据实在有点儿捕风捉影，不够牢靠，所以一次又一次的弹劾并没有戳到袁世凯的痛处。袁世凯反而在他的这种另类监督下步步高升步入青云。这一次也不例外，慈禧太后和光绪帝对江春霖的举报并不认同，只是根据江春霖举报中的内容对袁世凯略有提醒，袁世凯又一次躲过了一劫。

现在情形不一样了。两宫不在了，小皇帝太小了，摄政王载沣又是那样年轻，所以一旦有什么风吹草动，真的没有什么人能保护袁世凯这样的权臣了。谁让你如此锋芒毕露树大招风呢？于是一场新的围攻在两宫去世不久就开始酝酿了。12 月 2 日，宣统小皇帝即位。19 日，为表示新朝恩泽，朝廷下令嘉奖庆亲王世袭罔替，嘉奖世续、鹿传霖、张之洞、袁世凯等重臣为太子太保。这原本只是中国王朝政治的统治手段，但在江春霖等御史看来又有问题。江春霖向摄政王上了一个密折，认为庆亲王在庚子事变中虽然稍有功劳，但自当国以来，政以贿行，官以私进，如袁世凯、徐世昌、杨士骧、赵秉钧、冯汝骙、唐绍仪、袁树勋、增韫等，莫不以重贿破格擢用。而袁世凯尤为其心腹，他们借新政之名，引用私党，遂令官场相习成风，以奔走为事，钻营为能。江春霖向摄政王举报庆亲王、袁世凯等相互勾结，结党营私，提醒摄政王设法反制庆亲王尤其是袁世凯。

配合江春霖的举报，晚清政治舞台上另外一个不甘寂寞的著名御史赵炳麟也趁机发难。他上书监国摄政王密陈袁世凯包藏祸心，结党营私，挟制朝廷，如果让袁世凯继续留在军机处，他日必生意外之变。赵炳麟建议监国摄政王趁着袁世凯势力尚未高度集结时突然行动，将袁世凯逐出军机处。赵炳麟预言，只要清除了袁世凯，那些与其进行利益结盟的政治小人必将闻风而散；反之，如果听之任之，袁世凯的政治势力必将急剧扩大，到了那个时候，根深固结，再想动他就很难了，监国摄政王或许也得像先皇帝那样面对袁世凯这样的权臣敢怒不敢言，忍声吞气，俯首帖耳。

江春霖、赵炳麟以袁世凯戊戌年出卖先皇帝的由头刺激监国摄政王，有点儿文不对题，不过他们所说的袁世凯培植势力有政治野心，真的使监国摄政王有点焦虑。据说，摄政王在批阅这几份奏折密报后极为震怒，责成秘书班子拟旨将袁世凯开缺。

在君主专制体制下，最高领导者当然最忌惮大臣功高震主，专权跋扈。江春霖、赵炳麟的举报挠到了摄政王的痒处。不过当摄政王拿此事和庆亲王、世续等皇族成员商量时，这几位皇族要员都不太赞成。经过协商，满洲贵族最高层达成妥协：第一，袁世凯开缺回籍养疴，即免去袁世凯的现有职务，让他回老家休养，理由是袁世凯一直治不好的脚病；第二，调满洲贵族那桐进入军机处，填补袁世凯开缺后的遗缺。

不过，无论是江春霖的举报，还是赵炳麟的密报，在朝廷给袁世凯的开缺决定中都没有提及，甚至连一点影子都没有。这份免职令反而刻意强调军机大臣兼外务部尚书袁世凯在过去许多年夙承先朝，屡加擢用，为朝廷重臣，原本应该在这新旧转换的特殊时期发挥更大功用、承担更多责任，不意袁世凯现在的足疾越来越严重，步履维艰，难胜职任，不得不免除其现有职务，让他回老家专心静养，以体现朝廷关爱体恤之意。

从朝廷的这个命令中，我们根本感觉不到袁世凯犯了什么错误，有了什么问题，只不过是因为袁世凯患了足疾，步履维艰，无法继续任职，需要休息而已。

朝廷的处理当然没有达到江春霖、赵炳麟等御史的最低限度要求，朝廷甚至根本无意使用"罢斥"之类的字眼。这个谕旨给人的感觉就是对一个有功之臣的病休和惋惜，所以江春霖、赵炳麟等御史们看到这个谕旨非常生气。据说赵炳麟在朝廷的谕旨颁发后又上了一道密折，建议监国摄政王必须坚定去袁决心，必须缜密从事，必须任用正人，必须解散党羽等。还有传闻说赵炳麟在与监国摄政王对谈时，甚至建议公开宣布先皇帝手诏，杀袁世凯，起用袁世凯的死对头岑春煊掌控禁卫军和军咨府，起用康有为、梁启超等袁世凯的死敌为朝廷顾问，罢斥庆亲王等。这些说法和传闻当然非常荒唐，因为作为监国摄政王，他太清楚他的哥哥先皇帝的真实情形了，太清楚袁世凯是个什么样的人了，所以对江春霖、赵炳麟的建议并不予以采纳。朝廷对袁世凯只是采取开缺回籍的处理，让这位刚过半百的老臣回到老家好好休息一段时间。谁也想不到仅仅几年时间，袁世凯又会成为朝廷所仰赖的重要人物。

化不开的心结

作为清政府政治的新核心，摄政王载沣在慈禧太后和光绪帝的多年关照和栽培下，不至于幼稚到相信康有为的造谣和宣传，他当然清楚1898年中国政治转折的关键点，知道袁世凯是有密可告但并没有告，袁世凯在康有为这些改良主义者和清政府两个方面都是道德无缺。假如袁世凯当年真的像康有为所指责的那样不堪，那么就很难理解袁世凯在戊戌之后的升迁和不断被重用。

问题在于，康有为在外面的宣传，使社会上对摄政王载沣掌控清政府政治权力后的政治走向有了诸多猜测，舆论上一般相信摄政王载沣一定会为他的哥哥光绪帝报仇雪耻，整治袁世凯。其实这只是外界的揣测，并不代表真实的历史。

摄政王载沣与袁世凯之间确实有矛盾，只是这个矛盾并不那么幼稚和简单。按照一般规律，新主人上台后总是要从平反冤假错案开始，大赦天下，提升心腹，收买人心，重振王朝新气象。这是中国历代王朝政治的一般规律。在比较平和的情形下，摄政王载沣掌控权力后，正确的选择应该是尽量向流亡在国外的康有为、梁启超等人开放政权，像民国初年新政府所做的那样，不管康有为在1898年做了多少对不起太皇太后和光绪帝的事情，其在国外流亡的这些年毕竟始终以保皇为号召，毕竟没有与革命党联手对付朝廷。现在慈禧太后不在了，康有为、梁启超等人回归主流社会的可能性至少在理论上出现了。如果摄政王此时顺应潮流，从这些方面入手，相信在民族和解、民主重建、民生提升这几个方面一定能够在先前君主立宪改革的基础上再出发，宣统元年的情形一定是另外一个样子。

然而摄政王没有按照这种历史惯例和常规进行，他在太皇太后去世后不久，就利用手中的权力拿太皇太后当年的宠臣、重臣袁世凯开刀，结果适得其反，人心丢失了一大半。

摄政王之所以拿袁世凯开刀，当然不是他认为袁世凯有负于他的哥哥光绪帝，主要的还是袁世凯在政治上坐大，功高震主，已经严重影响了朝廷的政治安全，是清政府内部少壮派无论如何都不能继续无视和容忍的。

我们知道，袁世凯是继李鸿章之后汉大臣中的第一人，甚至在某种程度上他的手腕比他的老师李鸿章更厉害。他不仅拥有清政府的绝大多数权力，更重要的是，袁世凯对财富本身的潇洒与大方，使他在清政府内部攀缘结交了许多重要关系。在大清国，谁都知道袁世凯是慈禧太后的大红人，是朝廷倚重仰赖的重臣。

袁世凯炙手可热，天下无敌，在强权人物慈禧太后和光绪帝的掌控下，当然没有问题。因为只要主子有本事，有权谋，再能干的奴才也只能是奴才，不会变为主子。有本事的奴才会得到主子的青睐。这种青睐不过是让奴才多管些事多出些力，并不意味着主子准备把这个家交给奴才。主子随时可以将这个能干的奴才废了，因为只要抽掉这个奴才的活动平台，再有本事的奴才也没有办法。袁世凯在慈禧太后、光绪帝的时代，无论拥有多大权力，其实都是在给大清国办事，在给朝廷办事。袁世凯这个分寸把握得很好，所以慈禧太后和光绪帝从来没有感到袁世凯对他们会有什么威胁。

现在的情况不同了。现在是弱势的摄政王执政，而摄政王在过去几年中，就屡屡与强势的袁世凯有冲突，且每每被袁世凯打败。他们之间的相互怨恨已经积累很久，摄政王不想继续使用袁世凯这个能臣了，袁世凯似乎也不想为这个新主子服务了。现在，相互有点怨恨的双方终于找到了爆发的突破口。

摄政王与袁世凯之间的怨恨，主要还是因为以袁世凯为代表的汉人高官，尤其是军事高官的崛起，不仅损害了满洲贵族统治集团的利益，而且在很大程度上也威胁到了摄政王的政治统治。在慈禧太后的默许、纵容和支持下，清政府在过去几年的政治改革中，确实准备走上行政中立的政治道路，准备像东西洋立宪各国一样，最大限度地消弭人们生而不平等的出身问题，所有的人享有生而平等的政治权利，除了君主之外的政治职位对所有人开放，不再以出身决定一个人的升迁罢黜。清政府的这个政治选择当然有孙中山等革命党人"驱逐鞑虏，恢复中华"的政治压力，但从本质上说也表明清政府和满洲贵族中大多数人开始觉悟。行政中立的原则既没有表明汉人高官的政治优越，也没有再规定满洲贵族的政治优先，但是毫无疑问，满洲贵族在政治架构中永远只能是一个非常小的比例，虽然这个政策在表面上并不是要损害满洲贵族的利益，但在客观效果上肯定对满洲贵族不利。这也是后来之所以会出现一个令人奇怪的"皇族内阁"的根本原因。

清政府的行政改革在客观上符合汉族官僚的利益，然而在慈禧太后、光绪帝主导的新政和预备立宪政治改革过程中，汉族高官尤其是袁世凯还没有为汉人谋私利的主动意识。这有两方面的原因，一是汉人孙中山领导的革命党一直在海外宣扬种族革命和民族革命，民族分野在当时的国内政治界已经成为一个非常敏感的政治问题。袁世凯等汉人高官既然已经获得了政治上的一定发言权，他们无论如何不会有意识地将自己与孙中山的革命党联系在一起，至少不愿让自己的政治作为成为满洲贵族保守派攻击的把柄。二是汉族官僚不论高中低哪个层面，都占有绝对多数，既然已经占据绝对多数，他们更没有必要在这方面挑起满洲贵族集团中保守派的怨恨。基于这两个原因，以袁世凯为代表的汉人高官无论在当年的政治改革中怎样竭力争夺、竭力出风头抢镜头，他们都没有引起清政府最高政治层的反感。慈禧太后、光绪帝很坦然很欣赏地看着袁世凯等汉人高官拼命工作，相信他们绝不是为汉人的私利而工作，而是为大清国的久远利益、为朝廷的长治久安而工作。

慈禧太后和光绪帝的判断是对的，但是满洲贵族中的保守势力特别是那些少壮派，他们眼见原本自己可以不劳而获，可以不才而得的位置、权力都被这些能干的汉人高官抢走之后，其心中的醋意难以言说。于是他们与汉人高官，与袁世凯的钩心斗角、相互倾轧终于从潜流公开化。这就从事实上验证了孙中山在海外所宣传的"满汉冲突"。

1906年9月，袁世凯奉命进京参与中央官制改革的讨论。在袁世凯授意下，编纂官制局提调孙宝琦、杨士琦等人认为，中央官制改革的关键是行政中立的原则。在那时尚没有党派冲突的前提下，他们认为影响行政中立的关键在于官僚身份的认定及出身。他们建议取消军机处，设立责任内阁。将来的责任内阁主要是对议会负责，而不是对朝廷对皇上负责。这当然是君主立宪的应有之义。这样就可以保证行政中立，但显然削弱了朝廷和君主对行政的控制，当然也削弱了满洲贵族统治集团对政府的控制，因而也就激起了满洲贵族统治集团的普遍反对。

满洲贵族统治集团中的少壮派认为，袁世凯等人的这些建议具有非常险恶的用心，像体制外的孙中山等革命者倡导的那样，反对满洲贵族对中国的统治。他们与孙中山的区别只在于，孙中山是用武力、暴动的方式从外部攻击大清王朝，而袁世凯等人则是用改革的名义、用和平的手段从内部瓦解大清王朝政治统治的合法性与正当性。于是这些少壮派针锋相对地反对废除军机处、设立责任内阁的建议，反而参照立宪国家行政中立和军队国家化原则，提出设立陆军部，统辖全国军队，将各地督抚的军权统统收归中央。这个主张从理论上说当然没有什么问题，只是结合当时的政治背景看，显然是针对袁世凯这样大权在握的督抚，是假借立宪的名义削弱汉人高官对军事权力的掌控。换言之，即便袁世凯这样的汉人高官心里并没有像孙中山那样老是想着汉人、满人的身份区别，但在满人眼里，已有非我族类、其心必异的意思了。据说，在这次讨论中，袁世凯等汉人高官与满人高官之间唇枪舌剑，互不相让，气氛高度紧张。

孙中山等人在外面的宣传肯定影响了满洲贵族统治集团中的相当一部分人，使这些满洲贵族产生恐惧。这部分人真的开始怀疑汉人与满人的离心离德，不过清政府最高统治层如慈禧太后和光绪帝，并不像少壮派那样担心。他们认为既然身份认同已经成为政治变革中的大问题、大障碍，那么就应该解决这些问题，让这些问题不再成为政治改革进程中的大问题、大障碍。所以在稍后的讨论中，清政府一方面比较明确地否定现在就立即废除军机处设立责任内阁的建议，另一方面宣布废除过去中央各部院"双首长制"，即宣布废除满尚书、汉尚书的区分，在新官制方案中实行满汉平等的原则。中央政府任命的新尚书不再区分满汉，只是在最初一批新尚书名单中，还是满洲贵族出身的高官占了多数，汉人所占的比例反而不如满汉"双首长制"的时候多，这当然使许多汉族官僚感到郁闷。

除此之外，满洲贵族统治集团中的少壮派对袁世凯等人揽权深感不满或者说不安。他们想着法儿要求清政府通过改革的方式去剥夺汉人高官对权力的占有。他们不再像慈禧太后、恭亲王奕䜣等当年对汉族出身的高官如曾国藩、李鸿章等人那般信任和仰赖，反而接受孙中山的宣传，以为满汉之间处于利益冲突之中。他们要求限制官吏的兼差，这在客观效果上当然是要打击袁世凯这样能干的汉族官僚。所以到了1906 年年底，原本热情推动政治改革的袁世凯反而成为"被改革"的对象，于是他自觉请求清政府免去他的所有兼差，并主动交出北洋军队统帅权，支持设立陆军部。他似乎期待以此换取满洲贵族统治集团中少壮派的信任。

袁世凯的退让并没有换来满洲贵族统治集团中少壮派的信任，他和少壮派之间的较量角逐、暗中较劲愈演愈烈。当然，袁世凯处于被动状态，少壮派则采取咄咄逼人的进攻态势。他们暗中煽动言官御史捕风捉影、栽赃诬陷，交章弹劾袁世凯权重势高，贪私误国，甚至恶意预言袁世凯迟早要像历史上的曹操、刘裕那样篡位夺权。仅 1907 年，据说举报袁世凯的信件就有五六封之多。

清流们的攻击当然没有影响慈禧太后对袁世凯的信任，慈禧太后、光绪帝和此时主持朝政的庆亲王知道袁世凯究竟是个什么样的人。他们对袁世凯的信任不仅没有因为满洲贵族少壮派和清流们的攻击而稍减，反而愈加信任袁世凯。1907 年 9 月，清政府调任袁世凯为军机大臣兼外务部尚书，与刚刚调任来的湖广总督张之洞一起协助庆亲王主持中央政府日常事务，成为慈禧太后、光绪帝最信任也最离不开的重要人物。即便在为光绪帝选择皇位继承人以及选择摄政王载沣这样的重大问题上，慈禧太后都曾认真听取袁世凯的意见，这是满洲贵族统治集团过去所不曾有过的。

慈禧太后对袁世凯的信任是不必怀疑的，袁世凯对清政府、对皇上、对慈禧太后的忠诚也是真诚的。只是慈禧太后和皇上的突然去世，反而使这种信任成为袁世凯的政治包袱和压力。

本来，在慈禧太后向袁世凯征询皇位继承人问题时，袁世凯竭力认同由三岁的溥仪继承皇位，支持载沣为摄政王为监国。他这样做的目的可能会有多方面的考虑，但毫无疑问，袁世凯期望自己的真诚拥戴能够化解他与满洲贵族统治集团中少壮派的矛盾，大家能够携起手来帮助摄政王监国载沣领导国家渡过这段最困难的时期。

然而遗憾的是，袁世凯的拥戴并没有换来满洲贵族统治集团少壮派的理解与和解。这些少壮派集中在摄政王周围，不断向摄政王施加压力，要求处死袁世凯，以防止袁世凯利用手中曾经拥有的军权发动政变，篡夺大清王朝的统治权。

国家刚刚遭受慈禧太后、光绪帝两位主要领导人大丧这样重大的打击，如果立即就对慈禧太后、先皇帝十分信任的大臣下手，绝非国家之福，弄不好就会社稷动荡，甚至引起内乱。因为不仅有孙中山等革命党人在外面虎视眈眈，在寻找一切机会，即便是袁世凯曾经统率的北洋新军，也绝非满洲贵族统治集团少壮派说拿来就能拿来的。即便拿来，也不一定就听话，甚至可能起来推翻他们。

果不其然，当满洲贵族统治集团中少壮派军人密谋收拾袁世凯的时候，袁世凯在北洋的政治盟友和追随者就在保定府发动了一场小小的兵变，弄点颜色给摄政王和那些少壮派看看。结果摄政王就没有完全答应少壮派的要求，而是于1909年1月2日将袁世凯开缺回籍养病了事。这不仅使袁世凯对这些不中用的满洲少壮派更加瞧不起，而且可能连带着对摄政王的大清王朝产生了不信任不堪辅助的政治心理。可能就是从此时，袁世凯开始与满洲贵族统治集团离心离德。摄政王用自己的手为大清王朝制造了最强有力的敌人。

重大外交失败

袁世凯开缺回籍的原因当然不是那么简单，可能还有许多人们至今并不明白的背景与原因，甚至是当时国际大环境的产物，是列强在远东竞争的必然结果。

我们知道，袁世凯是慈禧太后在生命最后岁月最为仰赖的重臣。他与汉大臣张之洞分享着中央政府日常运作的权力。张之洞的主要职责在内政，而袁世凯以外务部尚书的身份主管着大清帝国的外交事务，与外务部管部大臣庆亲王合作密切。

经过几十年的发展，特别是《马关条约》之后的大发展，列强在中国的投资越来越大，在中国经济生活中所占的份额也越来越突出，中外之间的交往越来越密切，中国的内政越来越多地受制于外交，外交博弈成为清政府当年最重要的一门功课。这也是袁世凯在政治上地位凸显的一个重要原因。

从列强的视角看，英国在甲午战争之前原本与中国关系最为友好，两国的贸易往来、文化往来也是列强中最为突出的一家。然而在甲午战争中，英国先是借给了中国"高升"号运兵船，中国的用意可能有拉英国人下水的意思。然而当"高升"号出事之后，英国人不仅不愿与日本人翻脸，反而越来越倾向于日本，中英关系渐行渐远。英国与日本在1902年缔结同盟条约，这也是日本稍后敢于与俄国发生正面冲突、敢于发动日俄战争的重要背景。

在欧洲，英国是德国的宿敌。中英关系的疏远导致了中德关系的亲近，特别是在《马关条约》谈判过程中，德国人拉着俄国人、法国人，多多少少为中国说了一些好话，帮过中国一些忙，尤其是三国干涉还辽，不管怎么说还是很让中国人感激的。

日俄战争的结果使英日同盟在远东占尽了上风，远东的战略格局因英日同盟而被打破。英日同盟对远东的垄断当然不符合后起大国德国和美国的利益，所以为了抵制英日同盟，德国人于1906年动议组建中美德三国同盟。

德国人三国同盟的建议引起清政府的高度重视和兴趣，只是清政府考虑到英国和日本对这个三国同盟可能产生的激烈反应，因而迟迟不敢答应德国人的建议。

中国的自我孤立鼓励了英国和日本，几经折腾，日本竟然与俄国握手言欢。1907年7月30日，日、俄两国签订《日俄密约》，规定中国东北地区南部为日本势力范围，北部为俄国势力范围。前者被称为"南满"，后者被称为"北满"。俄国人承认日本对朝鲜的占领，日本则承认俄国在外蒙古有着自己的特殊利益。

日俄和好并走向结盟改变了远东的政治格局，稍后甚至出现了英法日俄四国同盟的雏形。英国与俄国于同年8月31日签订协议，确定各自在华势力范围。他们联合统治着远东，使德国还有美国都感到格外失落，于是德国人再度推动中美德同盟，美国人对此也变得非常积极。

对于德、美两国的建议，此时主持中国外交事务的袁世凯高度认同。袁世凯认为，如果美国在中国东北地区的贸易和投资有很大上升，占有重要的经济地位，那么按照美国信奉的现实主义外交原则，一定会成为牵制日俄在东北势力的力量。东三省总督徐世昌认为，假如要想让美国帮助中国抵制日本，那么就要向美国人提供有足够吸引力的投资机会。奉天巡抚唐绍仪认为，中国应该运用铁路建设和银行贷款等经济计划，去吸引美国资本进入东北，用美国的政治势力和经济影响力去抵消日本对南满、俄国对北满的控制。

基于这样一种战略考虑，清政府委派经济官员陈锦涛在美国向华尔街的金融大亨宣传在东北的投资机会和前景，表示中国正在进行政治改革，向中国特别是向地域广袤的东三省加大投资是一个明智选择。因为中国东三省必将成为世界上一个能够容纳相当多剩余资本与产品的市场，向中国东三省投资，肯定比向世界其他许多地方投资更加明智、更有把握。

袁世凯、徐世昌、唐绍仪的分析确实是有道理的，陈锦涛在美国的宣传也起到了一定作用。鉴于这样一种现实，特别是恰值美国政府提出退还庚子赔款的一部分，此时在中美之间构建更加紧密的外交关系，并由这个紧密的关系去制衡日俄，或许是可能的。这个外交方略虽然有着传统中国"以夷制夷"外交理念的深刻影响，但在那时也是一个没有办法的办法。

根据这些情形，清政府于1908年10月批准袁世凯的建议，任命唐绍仪为特使出使美国，公开的理由是感谢美国政府退还部分庚子赔款，而实际上是为缔结中美德同盟进行谈判。为了使这个谈判能够顺利进行，清政府又给唐绍仪另外一个权限，即与美方洽商东北开发贷款即"满洲银行贷款"，以此贷款引诱美国政府同意与中国结盟。

为了防止不必要的干扰，中国对中美德三国同盟的消息严格保密，并制造了一些迷惑日本人的假象，比如刻意强调唐绍仪兼充考察财政大臣，赴日本及欧洲诸大国，将诸国经理财政办法，详细调查，随时奏闻，以备中国此后在与各国进行税则等经济谈判时参考。然而日本和英国的谍报网委实强大，他们竟然在唐绍仪出访前就获悉了清政府相当详尽的计划。日本人当然不希望中国与美国、德国结盟，所以日本政府决定加快与美国的秘密谈判，以重大让步阻止美国与中国结盟。1908 年 11 月 30 日，也就是唐绍仪到达美国前夕，日、美两国签订了《路特—高平协定》。在这个协定中，美国明确承认满洲现状，其实就是默认日俄等国在满洲的特殊地位和特殊利益。日本当然也为此作出重要让步，同意在满洲实施门户开放、机会均等的原则，也就是同意美国资本在东北地区自由进出。

日本人略施小计便将唐绍仪和他的代表团拖在日本动弹不得。等唐绍仪一行赶到美国时，黄花菜都凉了，一切生米都做成了熟饭。袁世凯的中美合作抵制日本的外交布局，就这样被日本人轻易给破掉了。中美合作彻底破产，中国依然在远东被孤立、被忽视，唐绍仪赴美使命以彻底失败而结束。

唐绍仪抵达美国的时间为 12 月 1 日，即美日协定签订的第二天。即便如此，美国留学出身的唐绍仪在美国应该还有外交活动的空间，无奈此时中国内部发生了重大变故，慈禧太后和光绪帝在一天之内突然相继去世。信息高度透明的美国对中国这个神秘国家的政治变动根本摸不着头脑，他们当然不会相信康有为等人编造和想象的那些荒诞故事，不会相信摄政王会为其兄长报仇雪耻，但在政治前途并不明朗的时候，美国政府并不愿意与唐绍仪进行什么实质性谈判，其实也就是不愿意与中国政治强人袁世凯有过分密切的接触。美国的国家利益使他们宁愿冷静观察中国政局的变动，宁愿错过，不愿做错。于是，唐绍仪和他的代表团悄然回国。中美德联盟成为泡影，中美外交也迅速降温。

唐绍仪的外交失败是日本人的阴谋，日本人的目的是要收拾如日中天的袁世凯。袁世凯若将中美德三国结成一个紧密同盟，吃亏的肯定是日本。袁世凯之所以急于与美国和德国达成同盟，主要目的就是抵制日本对东北的蚕食与控制。现在，唐绍仪的外交失败了，在东北对日本的抵制也就无从谈起了，清政府内部的亲日派再度抬头。他们期望以和平手段阻止日本向中国渗透，所以袁世凯的命运也就由此注定，他不下台怎么可能呢？

对于清政府来说，外交失败实在是一个说不出的苦果。袁世凯由此承担责任请求辞职，也是一个政治家负责任的表现。只是这个外交失败的理由实在拿不上台面，所以在袁世凯、在朝廷只能心照不宣。由此也就能够理解，尽管那些言官拼命弹劾袁世凯，但他们对于秘密外交实在知之甚少，他们所说只是些无根游谈。表面上看，朝廷将袁世凯开缺是接受了他们的建议；实际上，朝廷是利用他们的弹劾掩饰了一个重大外交失败。因此，监国摄政王也就不可能按照江春霖、赵炳麟以及满洲贵族中的少壮派、强硬派的建议将袁世凯处死，只是让袁世凯低调返回故里。由此，也就很好理解三年后袁世凯重出江湖的故事了。

谁终结了帝制

推手：革命党人

历史不管怎样具有必然性，推动历史进步的还是人。这个"人"既有英雄豪杰、帝王将相、王公大臣，也有不知姓甚名谁的平头百姓。

辛亥革命实际上还是一个比较职业化的革命，主要参加者其实都可以算作职业政治家。

在这些职业政治家中，首推无疑是近代中国民主民族革命的先行者孙中山。甲午战后，确实是孙中山最先发现中国问题的症结，认为中国步趋西方，甚至像日本那样转身向西全盘西化，是一个正确方向，但是中国走上现代化的主要障碍是清政府的阻挠。所以，中国的未来首要在于"驱逐鞑虏，恢复中华"，紧接着，或者说需要同时进行的就是"创建民国，创建合众政府"。

近代中国究竟有多少追随孙中山的革命党人，我们直至今天的研究都很难说清楚。不过，我们不仅知道革命党的领袖人物黄兴、章炳麟、宋教仁、蔡元培、陶成章、徐锡麟、秋瑾、邹容等，还有那十几年间流血奋斗牺牲的先烈，像黄花岗烈士等，他们都是值得后人永远敬仰和怀念的。

创建民国，走向共和，是革命党人的政治理想和追求，当武昌起义发生后，当民主共和成为中国一个重要选项时，革命党人坚守原则不让步，甚至表示出为理想不惜一战。但是革命党人也并非一味好战嗜杀，而是适可而止，知道退让，知道妥协。革命党人的目标就是要像法国大革命一样推翻帝制，实行民权，一旦清政府答应了这个条件，革命党人以大局为重，以人民福祉为最重要的考量，南北言和，息兵止战，五族共和，优待皇室，原本剧烈冲突的满汉矛盾涣然冰释，这为中华民族的伟大复兴提供了一种机会和可能。由此，我们不能不由衷敬佩他们天下为公的博大胸襟。

主力：南方新军

不过首举义旗撼动全局的并不是革命党人，革命党人在那年春天的黄花岗起义有着示范意义，但真正开启一个新时代的还是武昌起义。

武昌起义的主力，不是过去农民起义中的草莽英雄，而是经过近代思想训练的新式军人。清政府当年创办这支军队，原本是鉴于甲午战败的教训，整军经武，用东西方各国的新办法训练一支新式军队。应该说，经过几年的训练，这支军队已经彻底取代了先前的旧式军队，不要说什么绿营八旗那些旧建制，即便在过去为清皇朝立过大功的湘军、淮军也没有办法比。领导湖北新军起义的，并不是新军高阶层将领，而是中下级军官，如孙武、邓玉麟、蒋翊武、刘复基、刘公等。实事求是地说，他们接受过君主立宪、革命、改良等各种各样的新思想，他们对国家大事有一种本能的焦虑，所以当皇族内阁出台后，他们理想中的君主立宪成为泡影，这就是他们首举义旗登高一呼的真实原因。这个具有鲜明政治诉求的举事已不是一般意义上的索饷或哗变，而具有政治革命的性质。

更重要的一点是，湖北新军和北洋新军一样，都是受过近代教育的新式军队，所以他们在起事时，格外注意不扰民尤其不去影响外国侨民的生活和生意，主动宣布保护外国侨民的生命财产，并在军事行动中尽力将冲突限定在南北双方军事力量的较量上，不将人民拖入战争，更不绑架人民成为战争的抵押。

湖北新军的文明之举赢得了列强认同，所以才有各国领事继而各国公使、各国政府宣布南方革命党、湖北军政府为交战的一方，将南北战争定位为中国内战，列强不偏袒不介入，这就为革命党、为湖北军政府赢得了时间赢得了空间。湖北新军的领袖，除了先前的张之洞外，此时最重要的领导人当然就是黎元洪。

湖北军政府在黎元洪等人领导下，在黄兴等革命党人的参与帮助下，在较短的时间内获得了相当发展，各省革命党人或新军将领在湖北新军示范下，相继宣布独立脱离朝廷，这就使全国局势迅速演变，对清政府来说无疑是日趋恶化。

神使：立宪党人

当武昌起义发生之初，朝廷迅即派遣陆军大臣荫昌率部前往武昌予以镇压，然而皇族出身的荫昌或许真的没有见过这样严重的政治危机，或许其皇族出身也是个障碍，于是清政府很快起用三年前弃用的汉人能臣袁世凯。

袁世凯之所以在清末民初获得"非袁莫属"的声誉，那真不是浪得虚名，而是他在几乎举国一致要求民主共和的时候，中流砥柱般地坚守十几年君宪主义立场，期望在大清皇朝既有政治架构中化解危机，推动中国政治进步。只是到了后来，当君宪主义实在无法被各方所接受的时候，袁世凯借力发力顺势而为，承认君宪主义已经属于历史，接受以民主共和为南北和谈的主轴。

在这一系列冲突、谈判过程中，最值得观察的还有一个重要群体就是立宪党人。在预备立宪运动中，主要的推动力量就是这批立宪党人，他们的态度决定了辛亥革命的发生及其后果。当他们向朝廷发动一次又一次的国会请愿运动时，他们实际上是认同朝廷的权威，是把立宪当作自己的事去做。然而朝廷辜负了立宪党人的期待，无视立宪党人的请求，以蛮横的态度和手段去处理立宪党人的可怜要求，从而用自己的手将这批改良主义者推到了政治对立面。立宪党人对清政府越来越失望，对革命也就由先前的反对转为同情。

武昌起义爆发后，各省立宪党人或主动光复，或帮助、协助各省新军起义，脱离朝廷，很快形成十四省独立的阵势，继而促动中华民国临时政府的筹建，促动并把握了南北和谈的主轴。从历史层面说，如果没有各省立宪党人的积极介入，仅仅凭借革命党人的力量，大约真的很难在那么短的时间里拿下南方各省，更不可能形成与清政府分庭抗礼的力量。

鬼差：大清皇室

在这场改变中国历史走向的大革命中，唯一受到损害的无疑是清皇朝。当然我们也可以说这个结果是清皇朝咎由自取。历史给清皇朝留下许多机会，都被它白白错过。甚至到了吴禄贞、张绍曾、蓝天蔚等人领导的滦州兵谏爆发，清政府依然不觉悟，依然用讨价还价的办法去回应革命党人和新军将领的政治要求，于是清政府只能被历史所抛弃，两百多年的皇朝顷刻沉没。

不过，清皇朝的最后表现也有可称道的地方，就是清政府在最后时刻并没有像历史上的其他极权主义者鱼死网破、玉石俱焚、焦土抵抗、殊死搏斗，而是知进退。当他们发现抵抗无益时，索性放弃了抵抗，以哀兵的办法为这个皇朝赢得了尊严和保全。于是进入民国之后，人们对清政府最高决策者隆裕皇太后的决断钦佩不已，或以为她是"女中尧舜"，对中华民族的和平发展贡献殊巨。

清政府最后决断和结局，还得益于这个皇朝的主要雇员即那些具有新思想的清军将领特别是北洋将领，在南北和谈胶着、战火有可能重燃的关键时刻，是北洋将领段祺瑞、冯国璋等联名为朝廷指出一条明白的路：必须接受民主共和，必须在辛亥年结束之前作出肯定答复。

北洋将领阵前倒戈使清皇朝丧失了任何抵抗的可能性，但这些将领并没有忘记这个皇朝的过去，并没有对历史采取虚无主义的态度，所以当南方革命党人提供的退位条件使清政府觉得尴尬、觉得无法接受时，又是这批将领大义凛然要求南方革命党人应该尊重历史，尊重一个即将消逝的王朝，民族应该和解，仇恨应该忘却。于是南方革命党人在稍后修订的退位条例就充分体现了一种友善的和解精神。一场以法国大革命为取向为榜样的大革命，最终得出一个中国式的结局，以和解代替了法国大革命及稍后的俄国革命都没有办法避免的大屠杀。辛亥革命的这层意义在人类文明史上应该得到充分展示和张扬。

　　1911 年中国大革命，在过去的评说中还有一个重要看法，就是没有唤醒民众，没有进行一场彻底的社会动员，辛亥革命的结果好像并不彻底，用鲁迅的话说，好像就是旗帜换了，人还是那些人，主子差不多还是主子，奴隶还是奴隶，甚至成为奴隶的奴隶。对于鲁迅的抱怨和革命话语的指责，我们过去也没有一个很好的解读。

　　其实，从现代政治的立场看，一切大的政治变动与一般民众并没有直接关联，但政治变动却可以也必然改变民众的生活方式，只是这些变动并不一定要唤醒民众的参与，并不一定要将整个社会整个民众都卷入其中。当辛亥革命发生时，中国民间社会已有数十年发展，民间自治能力已有相当提升，政治变革被政治家限定在一定范围，不去骚扰民众绑架民众，应该说是一种社会进步，是值得肯定的一种政治选择。

回看"不平等条约"

在鸦片战争之后二十年，中国没有善待五口通商带来的机遇，没有下功夫引导中国利用这个机会实现产业转型，将农业文明转轨到工业文明；也没有利用五口通商机会去耐心引导消费，培育市场，培育中国人新的消费习惯和消费理念。中国在经历了战争短暂的痛苦后，很快重回宁静与安逸，重新享受农业文明的好处。

根据《江宁条约》《虎门条约》，所谓"治外法权"，就是在五口或中国内地外国人一旦犯罪，不使用中国法律进行约束和制裁，而是交给英国法庭，运用英国法律量刑治罪。这个规定后来被中国人和中国历史教科书视为最不能接受的不平等条约，以为严重破坏了中国的法律体系，是中国司法主权的丧失。

这些愤怒从后世观点看当然可以理解，但实在说来，这种愤怒只是后来者的愤怒，并不代表当时人的心情。

相反，在鸦片战争前后的中国，中国人虽然见过不少外国人，不论在宫廷，还是在沿海、沿江，甚至在偏远乡村，外国人，且是真正的西洋人并不少见，西洋人与中国人也并不总是处在冲突状态。但是，怎样管理这些在中国的西洋人，中国政府似乎并没有想好，他们不是愿意让渡自己的司法权，而是不知道怎样运用这项权力。他们能想到的简单办法就是古代中国的"以夷制夷"，让洋人自己管理自己，总比让中国人去管理更省心。

至于那个一直被后世中国人视为不平等的"协议关税"，其实与"治外法权"同等性质，同一个原因。都是因为清政府不懂国际经贸又图省心，所以就主动放弃了这些权力。

参与《江宁条约》《虎门条约》谈判的伊里布、耆英、黄恩彤等并非等闲之辈，他们不仅有着与外国人打交道的丰富经历，而且深知中国体制之弊与体制之优。他们还深知鸦片战争之前广东地方政府与官吏的苛捐杂税是引发这场战争的一个重要原因，因而他们一直希望能够找到一个从根本上解决的办法。他们真诚希望英国人同意用一个具有包干性质的固定税率去反制地方政府、强势官员的胡作非为。

他们想到了协议关税，因为这种方式最方便最省心，每种货物应该纳多少税都明白无误地写在条约里，中外双方因此减少了冲突和争执，地方政府和官吏，不论怎样强势，也没有办法额外加税。这既是一个关税包干、财政包干的笨办法，但在这些制度设计者看来，一举数得，清政府的财政收入不会因此减少，新税则的"值百抽五"在事实上比先前的税率略有提高。又因为有了这个数额、比例的制度约束，地方政府、强势官员无计可施，不能税上加税。

我们今天看来这是一种屈辱或吃亏，但在当年，不论谈判者，还是朝廷，都认为这是中国外交的胜利。他们不愿彻底打开国门，介入全球经济一体化，但他们也不愿意英国人在与中国人做生意时占尽便宜。当然，按照现代国际关系和国际贸易理论，伊里布、耆英、黄恩彤等人所取得的外交成绩是虚假的，是不足信的，牺牲了国家主权，贻害不少。他们争来了不当争不必争的东西，恰恰又放弃、牺牲了不应该放弃的权力和利益。如果历史主义地看待十九世纪四十年代的中国外交，那时的中国毕竟刚刚开始被动地与近代国家打交道，而且是被打败之后不得已而打交道。经验、智慧、眼光，当然没有办法与一个成熟的国家去比较，甚至没有办法与几十年之后的中国相比。直至 1882 年，当中国帮助朝鲜与美国进行修好通商条约谈判时，方才有机会仔细检讨四十年前有关"协议关税""治外法权"的利弊得失。

1882 年 2 月 14 日，主持中国外交的北洋大臣李鸿章在与朝鲜"朝美通商修好条约"谈判代表金允植交换意见时，劝说朝鲜在与美国谈判时一定要注意通商条约的公平合理原则，既不能像《朝日江华条约》那样不定税则，丧失利益，且为各国所窃笑，也不能像中国几十年前那样用一个固定税则一劳永逸。正确的方法应该是议立公平章程，如有未尽，就参照他国式样，约定修约时间。五年一改，或十年一改，总不至于将关税主权永久丧失。这就是关税自主原则。中国在经历了差不多半个世纪方才弄明白，后人因此去指责伊里布等人的失误或不察时，还要考虑到时代的原因。

《江宁条约》《虎门条约》签字后，中国赢得了一个和平时期，只是中国没有利用这个时间去发展自己，中国依然在浑浑噩噩中度过。而且，还有一个不太好的趋向是，由于中英战争是以条约谈判的方式结束的，因而战争结束不久，美国、法国等相继要求与清政府签订类似条约。由于此时朝廷并不认为"关税协定""治外法权"有损于中国主权和商业利益，反而认为是"天朝上国"不战而屈人之兵"羁縻政策"的胜利，因而尽管也有人反对这样不战就将优惠的商业利益转让给美法，但清政府主流派依然我行我素，自鸣得意。

他们的理由非常简单，中英订约通商了，战争远去了，"值百抽五"的税率让中国不费劲坐地收获，中国有什么理由拒绝美、法呢，为什么一定要诉诸战争然后才同意议和呢？更何况，我们不将给英国人的贸易优惠让渡给美国人和法国人，我们有什么把握防止美国人、法国人冒充英国人来与中国人做生意呢？假如美国人、法国人都靠着英国人做生意，他们势必团结一致对付中国，那样的话，中国必将面对一个整齐划一的对手，没有办法像过去那样分而治之，以夷制夷。中国将贸易好处分赏给各国，各国必将感激中国。中国就有机会利用各国之间的矛盾维护自己的利益。

处在从传统向现代转型的时期，又因为中国那时对国际公法、国际贸易体制、规则并不理解，穆彰阿、伊里布、耆英、黄恩彤等人的建议与决策确实问题多多，中国也确实因他们先后签订的那些协议丧失了不少经济利益，丧失了一些主权甚至尊严。但是，应该肯定的是，作为近代中国最早一批与西洋人直接打交道的政治家、外交家，他们的贡献和失误，其实都是那个大变动时代所致，不必总是以后见之明去指责他们媚外、卖国，那也是因为时代，因为无知，因为我们中国那时还远远没有现代意识，远远不是一个现代民族国家。

君主立宪动了谁的奶酪

君主立宪对于今天的中国人来说已经很陌生了，因为我们不太容易分清既然都是君主体制，为什么君主立宪与君主专制还有那么大的区别，还会发生那么多的纷争？

君主立宪对谁有利

按照"家天下"的政治理念，大清国就是人家爱新觉罗家族的先辈带着满洲几个部落头领，还有蒙古等周边族群头领一起打下来的。一般民众并没有后来的民族国家意识，皇恩浩荡、谢主隆恩，就是那个时代君臣、君民关系形象且恰如其分的写照。所以在那时，假如遇到康熙、乾隆那样的"明君圣主"，皇帝不想专制都很难，臣民期待他们专制。

但是到近代则不然。近代中国的问题本来就不是自身内部衍生出来的，而是外部输入的。当西方的思想观念随着西方的物品、资本源源不断输入中国后，中国人的观念也在悄悄发生着改变。特别是经过甲午战争、日俄战争的震惊、刺激后，稍微有点头脑的中国人都在想：中国为什么在世界上混成不被人待见的异样族群？东三省明明是大清国固有领土，日、俄两国凭什么在这块土地上打仗，而且连战争善后都不让中国人介入？问题究竟出在哪里？

思前想后，问题就出在中国的体制与世界有差距；而解决之道，好像就是梁启超1901年就向中国人呼吁的君主立宪。按照梁启超在《立宪法议》中的说法，当时世界上最流行的几种政治体制，不外乎君主立宪、君主专制和民主立宪，君主立宪和民主立宪均为立宪政体，权力有限，而专制政体的权力是无限的。

从表面上看，无限制的权力似乎很有利，君主可以动用一切资源去实现自己的目的。但从实际政治运作程序看，不受任何约束的君主恰将自己推上权力要冲，没有丝毫可供缓冲的中间地带；成功了固然是君主的贡献，失败了，只有君主个人承担责任和全部后果。所有臣民都是君主的仆人，领取君主发放的俸禄，吃着皇粮，但他们在君主专制体制下无所用心无所事事。这是一种很不经济的政治体制。

根据梁启超的分析，就三种政治体制比较而言，最理想的政治形态无疑是君主立宪，因为民主立宪施政方略变化太快，选举时耗费巨大，竞争激烈；虽然形成了一个竞选经济，但由于这种经济只是消耗不是创造，至少在那个时代还不是一种理想的政治形态。至于君主立宪与君主专制的比较，不言而喻，君主立宪远优于君主专制。

梁启超的道理已经说得很清楚了，但毕竟中国人特别是清政府统治者只知道君主专制的好处，没有体会过君主立宪的滋味。所以从康有为1895年的呼吁，到梁启超1901年的分析，中国人依然无法在君主立宪问题上达成共识。说起来很难让人相信，这个共识的建立，还是在"小日本"1905年打败"大俄国"之后。

走向君主立宪

日俄战争结果日趋明朗时，中国被迫"边缘化"已成定局。美国政府在邀请日、俄两国协商战争善后时，对于中国希望参加的迫切心情视而不见。中国被完全排除在讨论东三省前途的会议之外，这不能不使清政府感到格外焦虑与尴尬。1905年6月23日，清政府以日俄和议有开议之说，命各衙门及各督抚筹划因应之道。

这个问题当时已有很多讨论。有识之士早就强调不能就事论事谈东三省，必须将立宪与东三省问题捆绑在一起，才能找到办法。从这个意义上说，清政府的问题还是那个问题，那么答案自然还只能是那个答案。7月2日，直隶总督兼北洋大臣袁世凯与两江总督周馥、湖广总督张之洞联名建议清政府明确宣布于十二年后实行立宪政体，强调立宪政体无损于皇室，无碍于皇权，最合乎中国国情及朝廷利益。稍后，周馥又单独向朝廷建议，君主立宪体制下的立法、行法、执法三权分立，才是大清皇权永固的根基。两广总督岑春煊回奏，东三省问题的关键不在日俄，而在中国能否径仿东西洋政治，与民更始，改革政体。

封疆大吏、中枢大员的建议特别是立宪有百利而无一弊的说法，引起了慈禧皇太后和光绪帝的重视。经慎重讨论，1905年7月16日，朝廷命镇国公载泽等五大臣分赴东西洋各国考察宪政，为政治改革做准备。

五大臣出发之际，遇到了革命党吴樾自杀性攻击。清政府不仅没有被吓倒，反而坚定了立宪信心。因为这证明，君主立宪大约真的能消弭革命，否则革命党为什么这样害怕呢？

　　稍事调整，五大臣兵分两路出洋考察，1906 年 7 月相继返回。他们在稍后的召见中，不约而同建议朝廷要毫不犹豫地走上君主立宪的路，立宪后君主的权力并不会削弱，国家主权依然牢固掌握在君主手里，就像日本的明治天皇那样。总之，君主立宪利国利民，可造国祚之灵长，无损君主之权柄。中国如果经过十五年到二十年准备，召议员，开议会，一定能够像东西洋立宪各国一样繁荣昌盛，政治稳定。

　　考察宪政大臣的言论深深打动了朝廷。1906 年 9 月 1 日，光绪帝钦奉慈禧皇太后懿旨，宣布仿行立宪，参照东西洋立宪各国重构政治体制，争取经过十年二十年的准备，重建一个宪政国家。

君主立宪对谁不利

　　考察宪政诸大臣的建议和各方面的鼓吹，充分考虑了皇权尊严和重要性，他们的解释或许能够说服最高统治层，但很难说服那些政治上的反对派和怀疑论者。因为所谓君主立宪，毕竟在本质上要以宪法的形式去约束、限制君主的权力，怎么能说这个制度有利于君有利于民呢？在这些反对者看来，君与民从来都是对立的，利于君就不利于民，利于民就不利于君。

　　所以，他们貌似站在统治者立场上质疑君主立宪的必要性，以为要求中国走上君主立宪的路，可能是看对了病吃错了药，中国长时期积贫积弱的症结可能并不在君主专制，恰恰相反，问题的关键在君主权力长时期被削弱。他们甚至向最高统治层暗示，鼓吹君主立宪的人可能藏有一个大阴谋，因为这个君主立宪的新体制不仅妨碍君权，而且势必利于汉而不利于满，与孙文那些乱党的政治主张相一致。

反对者的阴谋论对统治者往往是最灵验的。清政府原本就对立宪政治心存疑虑，之所以派员考察各国宪政，其实是因为东三省问题而起，并不是发自清政府政治统治的内在需要。所以在反对呼声日高时，清政府最高层总是表现为退缩，赞成者和反对者以清政府为支点发生跷跷板效应。

清政府的犹豫徘徊使赞成立宪的人们深感失望，镇国公载泽为此上了一个充满愤怒的折子，批驳那些反对立宪的人具有肮脏心灵，他们其实只是担心自己权力丧失，因为立宪利于国利于民而不利于官。立宪体制建立后，不论各省督抚还是中央各部院大臣，他们的权势都会相应削弱，且必须接受议会监督。这是他们反对立宪的根本原因。

至于满汉关系，载泽认为，世界大势是竞争加剧，合中国全体之力都不一定能迎头赶上，追逐潮流。中国为什么还一定要分清彼此、自划壁垒呢？如果一定要说满汉关系，君主立宪政治改革既利于满，也利于汉，利于全国各族。在君主立宪政体下，满汉畛域必须破除，所有族群必须和解，为国家民族万年长久之计，再也不会像过去那样强分彼此，置国家民族大义于不顾。

载泽的分析是对的，慈禧皇太后和光绪帝也听了进去，清政府稍后确认九年立宪预备路线图。两年后（1908年），又发布《钦定宪法大纲》，为君主立宪制定了一个政治架构。此后两年，尽管清政府最高层发生了巨大变化，但实事求是地说，清政府的预备立宪进程并没有多大耽搁。

按照清政府立宪路线图，第一届责任内阁将于1911年5月发布。这个步骤标志着中国开始进入君主立宪的"初级阶段"。换言之，此时的中国还不是严格意义的君主立宪国家，但中国已经向君主立宪国家迈出了关键一步。然而就在这个时候，先前曾经争论过的问题重新浮到台面，并终于由这些问题导致大清王朝走向终结，走进历史。

根据《钦定宪法大纲》原则和东西洋立宪国家通例，为了保证君主享有至上权威，就必须保证君主永远不出错；君主永不出错，除了不再处于权力要冲、直接处理国务，还必须严格禁绝皇亲国戚出任政府要职。这是君主立宪体制的基本原则。

然而，清政府在1911年5月8日发布的内阁名单中，十三个阁僚竟有九个出身于皇室或皇族。于是舆论哗然，国人一致认为朝廷应该痛下决心，撤销这个被称为亲贵内阁或皇族内阁的变态机构，重新遴选合乎宪政要求的人。无奈，清政府到了这个时候开始掉链子，无耻援引《钦定宪法大纲》中大权统一于朝廷、皇帝享有任命百官等权力，不愿接受各方要求给予适度调整，更不要说撤销了。

清政府对宪法大纲相关条文的援引是对的。但此一时彼一时，当年发布那个大纲时，皇上是英明的光绪；现在呢，皇上只是一个幼童，怎能与当年情形相比拟？假如清政府借用这个条款任命皇族担任政府要职，那么君主立宪和君主不立宪又有什么区别呢?

　　君主立宪就是要限制君主的权力,也是为了皇室万世一系皇位永固,但绝不是皇族整个族群集体当政,这是任何一个君主立宪体制都不能接受的。至此,皇族成员突然发现君主立宪简直就是一个政治陷阱,以为那些心怀鬼胎的汉族人就是想通过和平手段夺取大清江山,他们这些大清国的贵族子弟反而成为君主立宪的最大受害者,他们能不反抗、能不抗争、能任由这样和平交权吗?

　　张謇（1853—1926），汉族，祖籍
江苏常熟。清末状元，中国近代实业家、
政治家、教育家，主张"实业救国"。中
国棉纺织领域早期的开拓者，上海海洋
大学创始人。

辛亥年的棋，段祺瑞的子

1911 年发生的中国大革命，是各派政治势力的一次正面角逐，这些势力在关涉民族大义国家根本利益尤其是人民福祉问题上，各有坚持、各有让步，高风亮节令人敬佩。然而由于多年来阶级斗争史观深刻影响，特别是由于辛亥后政治发展中的利益纠葛，使我们在很长时期对辛亥年中国政治发展内幕不甚了了，对许多人物的政治选择不太清楚。比如在这长达一百多天的胶着中，起到关键作用的段祺瑞，由于其后来的政治立场不仅与孙中山革命主流为敌，更由于其在"三一八"事件中被鲁迅痛批，因而其在辛亥年所思所想与作为，我们都不太清楚了。我们不知道他在辛亥年的心迹，不知道他为什么最早安排南北秘密交涉，最早向清政府发出退位通牒，又最早警告南京临时政府要尊重历史，善待清政府。段祺瑞是辛亥政治转折的操盘手，是时局转折中的关键人物。在某种意义上说，辛亥年的转折与发展，其实就掌握在这个北洋系强人手里。

战争并非解决危局的唯一手段

段祺瑞生于 1865 年，辛亥革命发生时四十六岁，职业军人出身，先后就读天津武备学堂和柏林军校，被誉为"北洋三杰"之一，又被称为"段虎"，是北洋系中排名仅次于袁世凯的重要人物。

与湘军、淮军将领相比，到了袁世凯、段祺瑞这一代新军人，他们已与先前的旧军人明显不同了，他们不再是单纯的鲁莽武夫，不再是嗜血如狂的杀人魔王，他们在东西洋近代思想影响下，拥有相当民主的思想理念，知道中国应该走的政治方向，他们是近代中国军人中的佼佼者，尽管他们并没有完成近代中国军队国家化职业化改造，为后世中国遗留了战乱的种子，但他们本身并不是战乱的根源。

如果从政治派系归属说，段祺瑞属于李鸿章的直系，只是到了 1896 年，因荫昌推荐前往天津小站追随袁世凯练兵，渐渐受到袁世凯重用，逐步成长为袁世凯不可须臾的左膀右臂，成为晚清政治场上袁世凯的重要政治盟友。此后追随袁世凯赴山东镇压义和团，赴直隶及中央练兵处协助袁世凯创办主持各军事学堂，训练军官。北洋系许多重要军官，说起来都算是段祺瑞的门生故吏，有着非同寻常的缘分和师生情谊。

1907 年，袁世凯调任军机大臣兼外务部尚书。翌年又因各种原因被开缺回籍养疴。清政府乘机对军队系统进行了一次大清理、大调整，但段祺瑞并没有因此受到多大影响，1909 年出任新建陆军第六镇统制，翌年因督办北洋陆军学务有功，赏头品顶戴，加侍郎衔，外放任江北提督，驻防江苏。

在江北提督任上，段祺瑞好像也没有做什么事情，他或许也认为那是个虚职，不军不民，根本无法有所作为，他只能耐心等待机会。

机会总是有的。1911 年 10 月 10 日，湖北新军举事，成立湖北军政府，推新军协统黎元洪为都督，向朝廷叫板，要求朝廷兑现政治改革的承诺，撤销皇族内阁，调整铁路干线国有化政策，平息国内骚乱，恢复国内和平。

对于湖北军政府的要求，清政府并没有听进去。清政府依然按照过去的老办法，兵来将挡，任命陆军部大臣荫昌率部南下，强力镇压。

荫昌出身于满洲，但与汉族下野大臣袁世凯有着非同一般的亲密关系。在袁世凯担任山东巡抚时，荫昌曾帮助袁世凯在山东主持军务。因袁世凯，荫昌与北洋系有着非同寻常的关系，他曾担任武备学堂总办，北洋系的一些重要将领像冯国璋、段祺瑞、王士珍等按说还算是他的学生，可是荫昌毕竟没有打过仗，没有指挥能力和军事才能，最多只是一个纸上谈兵的主儿。他之所以能够出任陆军部大臣，主要是凭借他的满洲血统和他留学德国的背景。

荫昌是个有自知之明的人，他在受命前往武汉收复失地途中，当然不忘绕道彰德请教袁世凯。袁世凯告诫他湖北新军举事情形复杂，他们不是要求加薪，不是要求升官，而是要求政治改革，所以对湖北新军不好鲁莽行事，不好武力镇压。再加上荫昌统率的军队都是袁世凯旧部，他们以袁世凯马首是瞻，荫昌根本指挥不动，所以武昌起义并没有因为荫昌前往镇压而结束。

朝廷似乎也没有指望荫昌能够平息这场军事哗变，所以在命令荫昌率部前往武昌不久（10 月 14 日），就起用三年前因病休息的袁世凯为湖广总督，授权节制湖北所属各军，督办剿抚事宜，宣布起用同样赋闲已久的岑春煊为四川总督。

在接受了朝廷的任命后，袁世凯在彰德老家进行了周密准备，就政治解决和军事部署做了安排。在政治解决方面，袁世凯建议朝廷接受湖北军政府的要求，同意并着手准备在明年即 1912 年召开国会，组成真正意义上的责任内阁；建议朝廷宽容武昌兵谏官兵，解除党禁。至于军事部署，袁世凯建议朝廷以军咨使冯国璋为第一军总统，速赴前敌；建议段祺瑞为第二军总统，陆续开拔。在此之前，江北提督段祺瑞已经接受袁世凯的召唤，秘密从任所日夜兼程赶往彰德府，参与袁世凯的政治军事谋划。

段祺瑞在接受了朝廷的任命后并没有像冯国璋一样立即开赴前线，因为在这个政治军事敏感期，突然发生了吴禄贞被刺案，段祺瑞受命转往北方处理此事。

11 月 16 日，袁世凯就任内阁总理大臣，重组内阁。袁世凯知道，湖北新军和各地新军起义、反正，其实都不是真的要推翻朝廷，他们就是要朝廷兑现承诺，从事改革，因此对于这些起义、反正不能像过去对待反叛者那样，完全以武力镇压，而必须诉诸和平方才能够解决。所以他在让冯国璋大打了一场，赢得对武昌三镇控制权之后，就让段祺瑞上场，实际上就是要以柔性手腕化解危机。

在北军控制了武昌前线局面后，袁世凯调冯国璋回京担任禁卫军总统，调段祺瑞接任冯国璋第一军总统遗缺。紧接着（11 月 18 日），又建议朝廷任命段祺瑞署理湖广总督，这实际上将湖广地区善后事宜及南北交涉等一并交给段祺瑞打理。

南北密谈：从君宪到共和

段祺瑞是北洋将领中肯动脑子善于学习并具有新思想的人物，他或许知道战争永远只是政治不得已的手段，政治家的最高境界一定是不战而屈人之兵，和平解决是一切冲突的必然选择，所以当段祺瑞11月28日抵达汉口接任湖广总督后，立即下令停止炮击武昌，暗示其部下可以通过各自的关系与湖北新军进行联系，寻求解决方案；强调武昌起义只是体制内的一次兵谏、一场哗变，是对朝廷改革不力、改革失误的抗争；强调南北新军在这一点上是一致的，别无二致，所以也就不必一定要兵戎相见。

武昌前线的和平攻势当然不会是段祺瑞的个人决策与行动，而是袁世凯整体谋略的一个组成部分。就在段祺瑞就任湖广总督同一天（11月28日），袁世凯奏请朝廷颁发上谕，命刘承恩、蔡廷干前往武昌，继续开导革命党人，重回君主立宪的政治轨道，重开和谈。

刘承恩、蔡廷干与黎元洪之间的接触与谈判获得了预期效果，经过武力压制和好言相劝，黎元洪和湖北军政府在大原则上同意接受袁世凯的建议，南北和解，推动朝廷兑现政治改革的诺言，重回君主立宪的轨道。

然而，南北新军的共识并不被朝廷中强硬派所接受，这批强硬派就是后来的那批宗社党人，也就是皇室小范围之外的一个利益阶层。这批强硬派执意反对真正意义上的君主立宪，因为一旦真正意义的君主立宪实行了，他们所享有的政治的、经济的一切特权也就终结了。君主立宪可以保护和尊奉的只是君主和皇室，皇室之外的一切宗室、王公等，当然都不再享有特殊的权利。这就是南北之间始终无法达成妥协的根本原因。

南北无法妥协，关键就在于清政府中的强硬派不愿让步，而不是皇室，不是隆裕皇太后，更不是那个什么都不懂的小皇帝。于是如何迫使清政府中的强硬派让步，成了时局转折化险为夷的关键。正像后来的思想家鲁迅所说，中国人的性格在本质上是保守的，就像对待一座腐朽的房子，你要让他拆下窗户，那他是一百个不情愿不乐意。但是你如果让他直接拆了房子，那别说拆窗户了，他甚至连门都愿意拆掉。这就是南北僵局无法化解时的情形。

鉴于这样一种情形，要想打破僵局，唯一的出路就是怎样才能倒逼清政府中的强硬派让步。于是我们看到南方革命党人、立宪党人及新军之间酝酿着两个比较鲜明的政治谋略，两个各具特色、相互平行的谈判渠道。

一个是唐绍仪与伍廷芳大张旗鼓的高调谈判。作为袁世凯的总代表，唐绍仪率领庞大的议和代表团浩浩荡荡从北京至武昌，再至上海，营造和平气氛，稳定各地局势，但这场谈判从一开始就很艰难，主要障碍就是真正意义的君主立宪方案并没有得到清政府强硬派的认同，不得已转而以民主共和去冲击君主立宪，逼迫清政府强硬派让步。这是公开的、透明的谈判，虽然各方私下有交易有妥协，但谈判大体处在公开状态。

与公开谈判几乎同时进行的另一场谈判是秘密进行的，

这场谈判的主导者就是段祺瑞。根据袁世凯幕僚原初规划，南北和谈化解危机原本就不是一个单轨策略，当君宪主义不再被朝廷中的强硬派接受后，以共和替代君宪，或者说以共和去冲击朝廷中的强硬派，倒逼他们同意接受君宪主义的思路浮上水面。

这场秘密谈判的主事者都是南北军人，北方军人有段祺瑞的手下靳云鹏、曾毓隽、徐树铮、廖宇春。廖宇春早年留学日本，后协助冯国璋、段祺瑞创办北洋陆军学校等，此时为直隶陆军学堂总办。靳云鹏为段祺瑞的老部下，深得段祺瑞的赏识与器重，与徐树铮、吴光新、傅良佐同列，被视为段祺瑞皖系四大金刚，时任北洋军第一军总参赞官。曾毓隽的职务为参议官，徐树铮为总参谋官，反正都是段祺瑞身边重要人物。他们与北方红十字会负责人夏清贻一起商量了一个和平方案。

廖宇春、靳云鹏和夏清贻等人认为，现在南北兵力相当，长此下去，不是造成南北分裂，就是和平永无了期，长此以往，受难的还是老百姓，是全国人民。现在南方革命军的宗旨就是实现共和，而这一点北洋军并不反对，北洋军只是忠于袁世凯才与革命军作战，所以南方能够推举袁世凯为大总统，则共和可望、和平可期。他们以此意上报段祺瑞，获得认同，因为段祺瑞当然知道战争的后果，知道最终的结局只能如此。

有了段祺瑞的首肯，廖宇春等人来到上海找到顾忠琛。顾忠琛毕业于安徽武备学堂，曾任江浙联军攻打南京的参谋总长，此时为黄兴的特别顾问。廖宇春等人向顾忠琛说明来意，而顾忠琛很快意识到这是南北和解的一个重要机会。

顾忠琛的这个反应是对的，因为黄兴早在湖北与黎元洪联合抵抗北军打击时，就有过类似的想法与方案，以为南北之间的和解可能还要从袁世凯身上寻找出路。所以当黎元洪、黄兴等人收到袁世凯南北和谈的书信后，于11月8日、9日分别复信劝说袁世凯离开清政府，赞助民军，表示一旦民军有机会重建中华共和国，就一定推举袁世凯为第一任大总统。

黎元洪、黄兴的主张并没有被袁世凯接受，因为袁世凯此时心中还是期待以君主立宪体制的真正实现作为化解危机的唯一方案，毕竟这个方案已经提出十年了，也是他们那一代人的共识和奋斗，现在机会来了，虽说是一场政治危机，但化危为机，也不失为一个重要选项。所以袁世凯重出江湖担任内阁总理大臣后，他确实在很长一段时间一意孤行坚守君宪主义立场，直至清政府内部的强硬派不愿让步，袁世凯的想法开始变了。

以袁世凯为新政府第一任大总统的方案原本就是黎元洪、黄兴的构想，只是当时条件不具备而无法实现，现在段祺瑞的代表向顾忠琛重提这个方案，深知此事来龙去脉的顾忠琛没有不同意的道理。顾忠琛代表黄兴表态说，袁世凯果真像各位所说的那样颠覆清政府，为民造福，那么大总统一席，南方革命军一定会全力支持。黄兴获知这个情报后也表示，自己之所以在过去几天不愿接受南方各界拥戴出任什么临时总统，其实就是虚位以待袁世凯。现在机会终于来了，所以黄兴授权顾忠琛与廖宇春等人在上海甘肃路文明书局进行谈判，并于12月20日达成五项秘密协议：第一，确定共和政体；第二，优待皇室；第三，先推覆清政府者为大总统；第四，南北满汉军出力将士各享其应得之优待，并不负战时害敌之责任；第五，同时组织临时议会，恢复各地秩序。

廖宇春、顾忠琛的这个方案是经过段祺瑞同意的，但这个方案在多大程度上代表了袁世凯的意思，历来众说纷纭。许多人认为这个方案就是袁世凯内心深处所想，只是段祺瑞悟了出来，代为进行而已。这当然是一种值得注意的揣测。不过更值得注意的是，当靳云鹏奉段祺瑞的命令携带这个方案前往北京向袁世凯禀报，请其赞成共和，重建秩序时，袁世凯还是发了一通脾气，强调我袁世凯为大清国总理大臣，焉能赞成共和，以负重托？

袁世凯的生气应该是真实的，但他稍后的变化也应该是真实的。袁世凯生气是因为这毕竟牵涉道德层面，这是一个政治家最忌讳的东西。靳云鹏对此做了详细的解释，特别强调这个方案已经得到段祺瑞等军方将领首肯，甚至会说这就是段祺瑞等将领的指示。

靳云鹏的这个说法当然是有根据、有事实的。段祺瑞等武昌前线的将领也确实是袁世凯最仰仗的一支力量，甚至可以说就是老袁的生命和根基。那么，这些高级将领都这样认为了，这样去做了，袁世凯如果继续坚持先前的立场究竟会怎么样呢？这就是袁世凯转变的关键。袁世凯再问：南方革命党人有这样的建议不稀奇，北方军人有这样的想法似乎还不可能，大家都是为朝廷效力，怎么能有这样的想法呢？段祺瑞究竟是怎样的考虑呢？

对于袁世凯的疑虑，相信靳云鹏早就和段祺瑞等人对过口径，靳云鹏毫不含糊地回答说，段祺瑞统率的第一军全体一致，主张共和，并拟推举宫保为临时大总统。袁世凯对此仍不敢太相信，军心为什么会突然变成这个样子，这样做的后果你们想过吗，这将把我袁世凯置于何种境地，这不是让我袁世凯不忠不义，让我背负欺负人家孤儿寡母的罪名吗？

对于袁世凯的这段表白，研究者根据其后来帝制认为是一种虚情假意，是其政治上不诚实的表现，甚至说袁世凯真是老奸巨猾，竟然对北洋嫡系都不愿说真话、露真情。其实这种说法还是值得探讨的。那时还是帝制时代，像袁世凯这样的传统政治家更注意维护自己的政治信誉和政治形象，现在事情既然闹到了这个份儿上，要相信袁世凯生气也并非完全是做作。由此可见，袁世凯从君宪向帝制的转变，或许有段祺瑞的敦促；而段祺瑞的态度或许又受袁世凯的暗示。只是史料阙如，这中间的细节我们已经不太容易描述了。

最后一击：巩皇位而奠大局

经过两个多月的战火、争夺和几轮和谈之后，清政府内部的强硬派总是慢半拍，总是不愿一次性让步，君宪主义理想逐渐破灭，共和民主的思想渐渐深入人心。更重要的是，由于清政府毕竟是一个满洲贵族组成的利益集团，两百多年来的罪恶到了这个时候更显得格外突出、历历在目，因为清政府在最关键的时候表现出了一个王朝本来不应该有的自私狭隘：亲贵内阁就是不愿向广大汉人开放政权，铁路国有化就是与民争利。这两项新的罪恶唤起了人们的历史记忆，先前久已淡忘的扬州十日、嘉定三屠又都非常清晰地呈现在人们面前。于是在经过两个多月的战争与谈判之后，反满的情绪不仅没有获得必要舒缓，反而日趋高涨，先前并没有多少这种民族种族见解的立宪党人也逐渐转向了民族主义和民权主义，满洲人和皇帝成了那时中国人非去掉不可的两个东西了。在这种形势下，袁世凯一味坚守，即便真的像满洲贵族中有人所指责的那样，拿起大炮去猛烈轰击南方革命党人，但其后果也必然像袁世凯所认识的那样，革命党人或许能够杀绝，但你能把那些汉人都杀死吗？你们要我袁世凯去讨伐黎元洪、程德全，我可以办得到。但你们要我袁世凯去讨伐张謇、汤寿潜、汤化龙、谭延闿等，我袁世凯实在是办不到，因为他们代表了老百姓，老百姓是斩不尽、杀不绝的。

所以袁世凯在勉力支撑至 1912 年 1 月中旬之后，在各地的反叛根本没有停息反而愈演愈烈的时候，袁世凯实在有点儿支撑不下去了，他遂于 1 月 16 日与内阁大臣联衔向朝廷上了一个密折，分析当前形势，建议朝廷尽快召集皇族会议，讨论究竟是否能够接受南方民军提出的共和方案，如果不能接受，那么应该怎么办。

在这个密折中，袁世凯详细回顾了南北议和的全过程，强调现在是海军尽叛，军饷无着，强邻虎视辽东，库伦不稳，人心涣散，继续僵持下去对谁都没有好处。为朝廷计，为皇太后和皇上计，袁世凯态度明朗，建议接受南方民军提出的优待皇室条件，这样不仅能保证皇室的尊严和体面，也为大清国历来宣扬的爱民如子树立一个典范，提供一个证据。袁世凯说，我朝继承历代帝系，师法孔孟，以为百王之则，是民重君轻，圣贤业已垂法守。根据现在与南方民军谈妥的条件，民军表示他们会尊重历史，尊重皇室，尊重大清国的过去。

现在南北战争已经僵持数月，东西友邦均因战祸而付出了相当代价。列强现在还乐于做调停者，是因为他们看到南北纷争说到底只是一个政治制度的改变和改善，所以他们还能坚守中立不介入不干预，但是如果这种僵局不打破而持续下去，谁也没有办法保证列强不出手，因为他们毕竟在这里有着重大经济利益。到那时，列强的抱怨，南方民军的抱怨，都会将朝廷视为乱源，视为罪恶之首。感情既恶，谁又能保证朝廷未来还会享有什么样的优待条件，谁又有办法去约束去规范南方民军的行动呢？袁世凯说到这里不露声色警告道：读法兰西革命史，假如法王路易十六能够早点儿顺应舆情，接受妥协，何至于让其子孙后代一起受戮。现在南方民军所争者政体，而非君位；所欲者共和，而非宗社。我皇太后、皇上何忍九庙之震惊，何忍乘舆之出狩，必能俯鉴大势，以顺民心。袁世凯给隆裕皇太后戴上了一顶高帽，端看满洲贵族统治集团如何回应。

袁世凯在养心殿和隆裕皇太后谈完这段话，中午时分从宫中出来，行至东华门外丁字路口的时候，却意外遭到革命党人张先培、黄之萌等人的追杀和炸弹袭击。袁世凯侥幸逃脱，但他的护卫管带袁金标被炸成重伤，袁金标的坐骑被当场炸死，另外还有两名亲兵被炸身亡。

革命党人的炸弹确实震惊了袁世凯，他借着这个机会向朝廷提交了一个报告，从此不再去宫中上班，每天躲在自己家中的地窖里处理公务。袁世凯的这些做法当然不是装给别人看的，这说明他个人对于形势的估计也并不是那么乐观，或者说他并没有稳操胜券的把握。

意外的炸弹当然没有阻止住南北和谈的趋势，清政府本身也在评估着究竟是应该继续打做最后的挣扎，还是应该以人民的福祉为最高诉求，退一步结束纷争，重建秩序与和平。根据袁世凯的建议，隆裕皇太后于 1 月 17 日召集宗室王公御前会议，讨论是否同意南方的共和，以及应该如何应对等问题。但在连续几天密集讨论中，主张主动退位以保全皇室的观点有，但并不占上风，逐渐占上风的反而是那些宗室王公中的强硬派，他们不仅纠集起来大闹庆王府，指责庆亲王奕劻与袁世凯和南方革命党勾结出卖朝廷，而且主张为保卫大清不惜焦土抵抗、鱼死网破，他们相信只要能够坚持三个月或半年，在全国各地就一定会出现勤王之师，就一定会出现曾国藩，就一定能重现半个世纪之前洪秀全闹事时的局面，以时间换空间，朝廷占有足够的行政资源，一定会成为最后的赢家。

清政府内部强硬派的说辞不能说全无道理，然而如果真的这样打下去的话，那一定是全国一片火海，一定是人民遭殃。列席会议的外务部大臣胡惟德、民政大臣赵秉钧、邮传大臣梁士诒在发言中强调，现在的形势不是朝廷能不能打得过南方革命党，而是我大清国人心已去，君主制度已经很难保全了，为朝廷计，为皇太后和皇上计，他们恳请诸位皇亲国戚转变观念，赞同共和，以维大局。

一个老大帝国，让人家说结束就结束，也确实太难了，既没有兵临城下，又没有短兵相接，刀架在脖子上，所以朝廷并没有因为这几位汉大臣的愤怒而痛下决心，就此结束。相反，清政府在随后几天调整了布局，以会办江防事宜、江南提督张勋护理两江总督；以山东布政使张广建兼署山东巡抚；赏协统领吴鼎元陆军副都统衔，会办山东防务。大有调整阵容、重新开始的味道。

然而，这一切确实都太迟了。还是 1 月 19 日那一天，清驻俄公使陆征祥联合驻外各清使电请清帝逊位，体制内的逼宫行动至此正式开始；22 日，清出使意国大臣吴宗濂致内阁请代奏，呼吁朝廷从速宣布共和，间不容发，以全满汉两族；同一天，出使日本大臣汪大燮致内阁请代奏，以为举国趋向共和，明诏取决国会，昭示大法，光垂史册，也是我大清国软着陆的唯一机会，倘相持，为祸烈，他建议朝廷驾幸热河，以全皇裔而保国境。也就是几天时间，大清国出使意、日、美、德、奥等诸大国大臣都向朝廷表达了同样的意思，言下之意，朝廷如果不这样办，他们就可能会转而服务于南京的中华民国政府。这对清政府来说确实是一个致命的打击。

更严重的打击还在后面。22 日，隆裕皇太后责成内阁大臣胡惟德等仍按照先前议定的办法与南方革命党继续寻找解决办法，看看是否能够将清帝是否退位的事情交给一个比较正式的国会去讨论。这个意见不能说毫无道理，但这必然意味着时间将向后拖延，谁也无法保证在未来这段时间里会发生什么。另外，正像袁世凯稍后所指出的，南方革命党已经同意清室优待条件，现在将清帝是否退位交给一个还不存在的国会去讨论，如果将来讨论的结果是清帝不退位还好，假如讨论清帝必须退位，那么谁能保证这个还不存在的国会继续履行清室优待条件呢？

清政府的犹豫是可以理解的，如果没有外力的推动，仅仅靠清政府内部讨论，谁也无法说服宗室王公主动放弃权力，退出历史，毕竟这是一个具有两百多年历史的王朝。所以能不能有一个外力，又成为时局转折的关键。

对于中国的政治变动，外力也一直有干预，但毕竟这个事情是中国人的事情，外国人也不好干预太甚，真正能够有力量化解危机促动朝廷的力量在许多人看来只有军队，只在北洋。1912 年年初，先前发动滦州兵谏的张绍曾与张謇商量出一个新思路，希望以军方力量迫使清政府让步。1 月 11 日，张謇致电袁世凯，表示自己将前往武昌找段祺瑞和黎元洪等人谈谈，希望他们能够以军人身份干预政治，要求清政府接纳国民会议办法，否则南北僵局打不开，影响至大。

根据张謇的安排，资政院议员，此时也是张謇高级顾问的雷奋前往汉口拜谒了段祺瑞，段祺瑞大概同意了张謇的意见，所以几天后，张謇再电袁世凯，请由军人干政，化解危机，重建和平。

1 月 23 日，段祺瑞以湖广总督代理的身份向内阁及军咨府、陆军部发了一份电报，报告前线军心不稳，官兵多与南方革命军有勾连，甚至有相约反叛朝廷等情形。段祺瑞表示，共和思想现在已经深入军队将领脑髓，颇有勃勃不可遏之势。我段祺瑞职任所在，唯有旁引远喻，力为维持，只是不知道这样是否能够持久是否有效。他请求朝廷就战和问题、君主还是民主问题尽快决策，以稳军心。

军心不稳可能还不止湖北前线，于是朝廷在第二天（24日）发布一个通告，告诫全国军民不要轻信浮言，更不能转相煽惑，以维秩序。

朝廷的谕旨或许有自己的道理，但实在没有办法平息混乱稳定军心。就在朝廷御旨发布的同一天，段祺瑞也给内阁发了一个电报，表示他记得朝廷先前发布过一个谕旨，表示将政体付诸公决。以现在人民的趋向，何待再卜。段祺瑞说，读到这里，真的是禁不住流泪。只是现在各将领不时找他，表示人民进步，非共和不可。且兵无备补，饷械缺匮，战守无具，败亡不免。稍一迟回，恐怕山东、安徽、河南等地也将独立或出问题，到了那个时候，皇室的尊荣，势必因之而减，瓜分惨祸，将在意料之中。段祺瑞强调，我辈死不足惜，将何以对皇室，何以对天下？已与各路将领熟商，皇室则责以大义，令其镇静，而竟刺刺不休，退有后言。尽管如此，段祺瑞表示只要朝廷方面不出大的问题，前方将士总归会以大局为重。无奈朝廷这几天传出来的消息太令人失望了，说不少皇亲国戚想着法地阻挠共和，前方将士多愤愤不平，要求代奏，要求联衔。压制则立即暴动，敷衍亦必全溃。鉴于前方军心不稳，段祺瑞给内阁打招呼，表示他可能很快与前方将领联衔陈请代奏。

　　段祺瑞的电报引起了朝廷的恐惧，徐世昌、袁世凯、冯国璋及陆军部大臣王士珍等第二天立即联衔电复，劝说段祺瑞谨慎行事，不要轻举妄动。他们指出，忠君爱国，天下大义。服从用命，军人大道。道义不存，秩序必乱。不为南军所俘，便为乱军所胁，利害昭著，万勿误歧。"我辈同泽有年，敢不忠告。务望剀切劝解，切勿轻举妄动。联奏一层，尤不可发，亦不能代奏。我军名誉，卓著寰球，此等举动，玷辱无余。倘渔人乘此牟利，大局益不可保。务望转饬诸将三思。"

徐世昌、袁世凯等人的劝说并没有打消段祺瑞干政的念头，同一天（1月26日），段祺瑞以大清国会办剿抚事宜第一军总统官名义率清军将领提督姜桂题、张勋，副都统段芝贵，布政使倪嗣冲，陆军统制官曹锟、王占元、李纯、陈光远、孟恩远，第一军总参赞官靳云鹏，参议官吴光新、曾毓隽，总参谋官徐树铮，陆军统领官鲍贵卿、卢永祥、李厚基、何丰林，巡防统领王汝贤、赵偶等四十七人电请明降谕旨，立定共和政体，以现内阁暂时代表政府，以巩皇位而奠大局，明降谕旨，宣誓中外。

不忘旧主：尊重历史与现实

段祺瑞等北洋将领的致命一击对于清政府来说虽然太过沉重，但实际上还真的让清政府解了套，在一定程度上保证了皇室的尊严体面，实现了段祺瑞等将领所期待的"巩皇位而奠大局"，以一种非常规的办法实现了君主立宪梦寐以求的理想：皇位永固，万世一系。假如废帝溥仪后来不是受到外界蛊惑从事复辟，相信"紫禁城的黄昏"可以一直那样美丽。

在段祺瑞呼吁书上签名的，囊括了清军几乎所有将领，这就将清政府逼到了一个死角。打吧，那些八旗弟子早就被长期执政的优越环境给腐化掉了，早已没有努尔哈赤时代的英气和智慧，王公贵族除了吃喝玩乐没有几个懂政治、懂军事，更没有几个能够上马提枪为皇上卖命。一个存在了两百多年的大清王朝成了任人宰割的羔羊，作为这么一个庞大帝国的当家人，隆裕皇太后要不是因为幼主太小，估计连死的心都有。两百多年的统治怎么就养了这些无用的人呢？怎么突然发现稍微能干的大臣都是汉人呢？可惜这一切觉醒都来得太晚了。离大清国的终结只剩下一个程序了。

1月29日，与袁世凯关系密切的杨度在北京成立"共和促进会"，这对一直主张君宪主义的杨度来说是一个重大转变，标志着他已经从原来的君宪主义立场向民主共和的立场转变，这当然也在某种程度上预示着袁世凯在转变，整个中国恐怕都在发生巨大的转变。杨度强调不能以党见之私招瓜分之祸，先前大家主张君主立宪是以救国为前提，而不是以保存君主地位为唯一目的，是以保存君主地位为手段推动政治改革，而绝不愿以杀人流血去保留君主的地位。现在的中国已经错过了君主立宪的良机，南方革命党武装起义之后，就意味着君主立宪走到了绝境，现在南北分裂，国将不国，要想拯救中国，保全中国，保全皇室，唯一的出路就是接受南方的条件，走向共和。舍此，南北并败，满汉俱亡。

杨度等文人的发言只是在讲一个道理，这个道理或许还不足以打动清政府特别是清政府中的那些顽固派保守派，他们或许内心深处还存在着某种侥幸。然而，段祺瑞的北洋系再次向朝廷展示肌肉，告诉朝廷不要再存在什么意外的幻想。2月2日，姜桂题、段祺瑞、冯国璋电各路统兵官，盼北方军界联合团体，集体发声，以厚武力。同一天，段祺瑞的全权代表吴光新、徐树铮等与湖北军政府代表孙武等密切磋商退兵办法。双方达成妥协，如果朝廷不能在旧历年即2月17日之前转向共和，那么段祺瑞的北洋军将挥师北上，直捣龙亭，而湖北军政府和南京的中华民国临时政府将作为后援予以支持。孙中山、黎元洪等南方领导人都同意了这个方案，都承诺一定支持段祺瑞和北洋新军走向光明投诚反正，决不会在段祺瑞军队挥戈北上时袭击后方。于是，清政府终结的时间表从这时开始倒计时，辛亥年的事情一定要在辛亥年结束，满打满算也就只有半个月的时间了。

南方的武力威胁当然也不是说到就到，鉴于当时的特殊困难，清政府当然也知道南方民军的力量并没有想象得那么大，再加上时值冬季，南方人真的打到北方也不是那么容易，所以朝廷在获悉段祺瑞与黎元洪、孙中山等人合作的消息后，不是马上宣布安排善后，而是由隆裕皇太后于2月1日主持召集近支王公及国务大臣御前会议，讨论的结果是准备采用虚君共和政体，并筹商宣布召开国会、颁发君主不得干预国政诏旨等事宜，以保留君主地位的虚君共和政体应对南方及部分清军将领所要求的完全共和。这个主张当然有点儿一厢情愿的味道了。

清政府的拖延主要还是因为朝廷内部特别王公贵族实在不愿就此罢手，不愿就此丢弃两百多年的江山，然而各方面的压力和不满也使朝廷招架不住，所以到了2月3日，朝廷又发布了皇太后懿旨，对两天前的决定再作让步，表示现在时局阽危，四民失业，朝廷亦何忍因一姓之尊荣，贻万民以实祸。唯是宗庙陵寝，关系重要，以及皇室之优待，皇室之安全，八旗之生计，蒙古回藏之待遇等，均应预为筹划，所以耽搁了一些时间，现在责成袁世凯以全权研究一切办法，先行与民军商酌条件，奏明请旨。这又将皮球踢到了袁世凯的脚下。

说句实在话，开创一个王朝不容易，结束一个王朝也很难。袁世凯在接到皇太后的命令后，当天（2月3日）迅即与南方总代表伍廷芳取得联系，并按照先前数次谈判的结果，提出综合性的清帝退位条件：第一，关于大清皇帝优礼之条件九款；第二，关于皇族待遇之条件四款；第三，关于满蒙回族各族待遇之条件七款。

伍廷芳在上海收到这些文件后，于4日下午会同袁世凯、特别代表唐绍仪及汪精卫前往南京向孙中山做了汇报。当天晚上，孙中山召集中华民国临时政府各部总次长在总统府讨论。第二天（5日）上午，南京临时参议院开议孙中山交议的优待清室各条件，孙中山委派胡汉民、伍廷芳及汪精卫到会说明。参议院对这些条款逐条讨论，将《关于大清皇帝优礼之条件》改作《关于清帝逊位后优待之条件》，并对原案中尊号、岁费、住地、陵寝、崇陵工程、宫中执事人员、清帝财产、禁卫军等项做了修改，删去第八款"大清皇帝有大典礼，国民得以称庆"。会议否决了丙案，以为关于满蒙回藏之待遇，实为民国五族共和应有之义，与优待清帝无涉。

临时参议院会议第二天（2月6日），南方议和总代表伍廷芳将这个修正案电告袁世凯。袁世凯在收到这份电报后，立即委派梁士诒携带这些文件进宫觐见隆裕皇太后，请旨验准。皇太后依然坚持应该保留"大清皇帝尊号相承不替"等三项条件。

退出后，梁士诒遂将隆裕皇太后的意思向袁世凯做了转达，大约也劝袁世凯还是想办法说服南方接受这些面子上的条件，反正清皇帝决定退位了，这些枝节末叶也没有什么大不了的了。

梁士诒的建议无疑是一个比较厚道的主意，这个主意也就很容易被袁世凯所接受。袁世凯按照这个意思迅即密电唐绍仪，嘱他务必劝说伍廷芳和南方革命党人不要在这些枝节末叶上节外生枝，对清政府能让一步就让一步，强调"大清皇帝尊号相承不替"这个提法万难更改，并按照皇太后的意思，建议将文件中的"逊位"二字改为"致政"或"辞政"。袁世凯诚惶诚恐，真诚希望伍廷芳和南方革命党人能够从大局出发予以理解，在不影响大原则的前提下尽量满足清政府的要求，尽早结束南北纷争，结束战乱。

对于大清王朝的尊重，其实也是尊重历史的一部分。不管怎么说，清政府在这个历史关键时期，因为隆裕皇太后深明大义，制止皇族中的强硬派，接受了和平方案，现在如果对清政府的历史彻底否定或者给予羞辱，那么真正感到高兴的恐怕只有一直被主流社会排除在外的革命党人，即便那些投诚反正的立宪党人、新军将领也难以接受。

在袁世凯与伍廷芳密商的同一天（2月8日），冯国璋、段祺瑞等北洋军将领六十四人联名致电伍廷芳，表示优待清室条件中的"大清皇帝尊号相承不替"应请仍照朝廷提供的原文不要更改，"逊位"这样带有刺激性的词语无论如何都不能出现在正式文件中，否则很难说服军界同仁，大家都是历史的过来人，只有尊重历史，才能说服同仁。

军人一旦干政，就是力量巨大。你可以说是南京临时政府对北洋军人愤怒的善意回应，也可以说是南方革命党人对北洋军人的屈服和顺从，不管怎么说，冯国璋、段祺瑞等军界将领的建议得到了南京革命党人的极端重视，所有条款都按照袁世凯、梁士诒、冯国璋、段祺瑞等人的建议予以恢复和保留，最具刺激的字眼"逊位"改为"辞位"。这也算是北洋老将对清政府旧主子的最后一次回报和效忠。

2月9日，伍廷芳代表南京临时政府将清帝退位条件最后修正案电达袁世凯，紧接着，唐绍仪和张謇也相继发来两份加急电报。唐绍仪的电报强调南方独立十四省军民以生命财产力争数月，其实目标就在一个"位"字，因此他请求袁世凯务必说服清政府接受"辞位"这个措辞，并及时发表。否则，如稍不忍，南方不满，转生大乱，一切谈判得来的东西再成泡影，得不偿失。唐绍仪还在电报结束处表示，他个人已经言尽意竭，因此他请求袁世凯只能这样做，不要再为这个事情给他打电报、发指示。

张謇在电报中也说南方最后修正案中之所以同意那种种优待条款，主要是因为条款中有了"辞位"二字，这两个字的代价不可估量。这是南方革命党人同意妥协的前提和根本。张謇恳请袁世凯想尽一切办法务必说服清政府接受这个措辞，否则，迁延两误，败破大局，战火重开，一切从头开始，追悔莫及。

唐绍仪、张謇等人的警示无疑是严肃的。袁世凯遂于2月10日召集内阁各部大臣及近支王公会议进行讨论，他向各位详细介绍了南方的意见，并表明自己的妥协立场，以为在能让则让的原则下接受和平，这对朝廷对国家都有利。会议经过慎重讨论，还算比较顺利地接受了南方的这个最后修正案。并在第二天（11日），获得了隆裕皇太后的认可，清帝退位，民国建立，1911年中国大革命终于以暴力发难，以和解结束。

　　一方面，段祺瑞等新军将领要求清政府在辛亥年底前做出决断，这个要求真的使清政府感到了恐惧，清帝退位的时间距离年底还有五天，由此可见段祺瑞等人的力量；另一方面，清帝退位诏书及相关安排，没有再提及孙中山革命党人先前一再鼓吹强调的"驱逐鞑虏、恢复中华"等口号，没有再对清朝的历史污名化，而是参照段祺瑞等人的要求，给予这个将要消逝的王朝应有的尊严，尊重了现实，也尊重了历史。在这个微妙的转变谈判中，我们清晰地感觉到段祺瑞等新军将领的深刻影响。

光绪三十四年（1908）摄政王爱新觉罗·载沣与爱新觉罗·溥仪（右）、溥杰（怀抱婴儿）合影。

大清王朝的掘墓人

自从有了人群和社会组织以后，社会动荡与骚乱就是一种常态现象，历朝历代屡见不鲜，末世犹然。今人记忆犹新刻骨难忘的，或许就是晚清十年，也就是辛亥革命前那十年。

反贪腐并不必然反体制

根据学术界的研究，从 1901 年新政启动，至 1911 年武昌起义发生，全国先后发生的社会骚乱多达一千三百起。这个数字与后世中国相比或许不算什么，因为后来的社会流动性毕竟加大了，社会总人口也有大幅增加了。但是清末十年社会冲突情形与之前传统中国社会相比，那真是一个天堂、一个地狱。传统中国社会虽然有过天崩地裂式的改朝换代，有陈胜吴广、黄巾、黄巢、李自成、洪秀全式的农民起义，但那毕竟是几百年几十年方才有一次，稍微正常的王朝，总是能够挺过一百年、两百年，甚至更长。

进入近代，尤其是进入二十世纪之后，中国的情形就不一样了。1895 年的《马关条约》允许外国人到中国自由办厂开矿，中国由此进入一个真正意义上的工业化时期，大规模的铁路建设、矿产资源开采，各大中心城市相继成形，使大量农村人口因各种原因脱离土地，或是因为土地被工业发展所征用，或因乡村太穷流浪城市。总而言之，1895年之后的中国社会流动人口日益增加，社会骚乱和社会冲突必然呈增长趋势。1900年义和团运动兴起，可能还有其他原因在，但明显的一个特征就是大量无工作无合法收入的流民普遍存在于城乡。

《辛丑条约》后，中国进入了一个新的发展时期。清政府先是以新政相号召，继则开始轰轰烈烈的预备立宪运动。或许是清政府的立宪诚意感动了国人，从1906年开始，先前相当激进的革命党人开始大规模向主流社会回归，参与朝廷主导的政治变革。国际国内对中国的政治前途普遍看好，以为中国在经历了一系列挫折后确实有了觉醒，中国走上君主立宪道路只是个时间问题。

按照过去的说法，群众性骚乱或社会冲突一定是人民群众对腐朽政治的反抗，是一种体制性抗争。现在清政府新政了，立宪了，社会不是更安定更和谐了，而是相反，社会骚乱和社会冲突却在这几年大幅度增加。这究竟是什么原因呢？是人民不能认同政治变革，还是另有原因在？

其实，在中国传统社会，甚至在非传统的现代社会，中国人对于政治并没有特别的偏爱，假如不是政治找来，一般地说，中国老百姓并不关心政治上谁上台谁下台，这不是中国人没有政治常识，需要政治启蒙，而是中国政治传统使然。按照中国政治传统，政治从来就是"食肉者"的事情，只要这些职业政治家能够把持基本的社会公平，老百姓乐于放弃手中的权利，不会对政治有什么特别兴趣。老百姓的关怀是非常实在的，就是生老病死、吃穿住行，就是最简单又最实际的物质生活。

抑豪强与"养鱼政策"

那么从这种观点看，为什么当新政发生后，当预备立宪发生后，中国社会的内在紧张不是消解了减弱了，而是更趋紧张更趋严重了呢？要弄清这中间的因果关联，还得从中国政治特征上找。

中国政治在很多时候最崇尚无为，君主无为，人民安宁。君主整天张罗着这事那事，人民不厌其烦。由此观察 1901 年之后的新政，中国政治生活其实走上了与先前很不一样的道路，新政本身就是一种作为，由新政又带动了各种各样的相关外观设施与事情，几乎没有考虑老百姓的实际力量，总是碍于西方文明的影响，以为事事处处都应该无条件模仿西方。不知治有本末，功有缓急；不知国之强弱，在于能否得人心，而不是徒有外表，徒有高楼大厦。新政处处要用钱，而那时国库空虚，每兴一事，必增一税或必加一赋，于是民怨沸腾，铤而走险。一旦民众的负担超过了他们实际上可以负担的界限，达到临界点，那么社会骚乱社会动荡就必不可免。这是清末十年社会冲突的关键原因。所以社会管理与社会控制方面，朝廷最注意的要点就是一再重申不得向百姓随意加租、加税，朝廷总是希望用最小的代价去换取社会的进步与发展。

然而朝廷的希望与要求每每落空。地方政府与豪强总是借着朝廷的新政号召进行许多实体性的建设，朝廷号召新政要建新学校，地方政府和豪强就乘机向属地民众摊派，向政府请款；朝廷号召设置警察，维持地方秩序，地方政府与豪强也借机向民众征收保护费；朝廷鼓励各地重视商业开发实业，地方政府和豪强也利用这个机会向商贾征收各种名目的苛捐杂税。总而言之，任何有为的政治，都会被地方所滥用，于是新政的效果不是给一般民众带来什么实际利益，而是随着新政项目的增加而增加了许多无端的苛捐杂税、额外负担。这就是晚清最后十年社会冲突没有随着新政随着预备立宪减少，反而日趋增多的根本原因。

朝廷每一个有作为的新政，都成为地方政府尤其是豪强的一个商业机会，这些新政当然也给百姓带来一些好处，比如兴学、保商等。但从总体上说，从具体生活感受来说，由于所有的新政几乎都需要地方上老百姓提供经济上的协助，因而新政越多，对老百姓来说就是负担越重，出钱越多。

有的地方精明的领导人或许会实行有节制的"养鱼"政策，不会一次性将老百姓盘剥干净，而是注意适度，注意让老百姓活下去。而有的地方，由于主事者短视或者太贪婪，总是竭泽而渔，所以使得那些地方的百姓不论坐商还是流民，总是处于贫困状态。于是民怨沸腾，社会冲突加剧。最严重的就像 1910 年在长沙发生的抢米风潮，这里虽然有自然灾害的因素，但自然灾害并没有使所有人没有粮食吃，而是有人饿死，有人反而乘着这样的机会做大米的生意，赚取巨额利润。仔细分析长沙抢米风潮的根源，除了豪强、劣绅乘机赚钱外，也有地方政府乘机攫取不法利益，不顾人民死活的原因。

鸵鸟终将引爆动荡

地方豪强是晚清十年社会冲突的根源，地方政府是地方豪强的政治靠山和分赃者。但是奇怪的是，清末十年所有的社会冲突又总是被他们的话语强势所扭曲，原本毫无政治诉求的具体纷争，总是被地方豪强与地方政府相互勾结演化成一个政治的或者反政府，或者反体制的事件。他们按照这个口径向上一级汇报，这样既能洗刷他们的责任，又能激起上一级乃至朝廷的愤怒，所以晚清十年虽然每一个具体的经济诉求都被掩饰下来了，每一场社会冲突社会骚乱都被强力镇压或劝说下来了，但问题并没有解决，火种依然存在。

对于地方豪强操控社会的情形，清政府当然并不是一点儿都不知道，只是由于体制方面的原因，因为不管是地方政府，还是豪强，他们毕竟都是清政府政治统治的基础，因此朝廷对于他们总是睁只眼闭只眼，总是能让一分是一分，得过且过，大致以社会平稳不出大乱子为目标。所以，即便某个地方发生了群体性事件，只要地方政府息事宁人平息了事态，朝廷对于这些地方政府也就不再深究，更不会从中总结更深层的原因。

清政府对于群体性骚动的处理方式，基本上以地方政府和地方豪强的意见为依归，没有充分尊重民间意识，没有重视下层民众弱势群体的利益诉求和微弱反抗，结果原本并不联网成片的孤立性的民众骚乱，终于相互激荡相互影响，局部骚乱逐步扩大规模，先前被严格控制和打压的秘密结社通过各种各样的方式死灰复燃，并逐步介入各地社会冲突与社会骚乱，连年不断增多的社会动荡逐步成为反体制革命者可以操控的工具。统治者无法照旧统治下去，统治者的政治危机终于酿成革命高潮。

对于晚清十年间各地连年不断的群体性骚乱的根源、症结与解决办法，体制内从上到下大都装聋作哑当鸵鸟，得过且过，能躲则躲。谁都不愿说出真相，谁都不愿得罪地方豪强，体制内的人心存侥幸，体制外的隔岸观火、幸灾乐祸。体制内的人将一切社会冲突往政治上拉，殊不知体制外的革命党人对此正求之不得。于是原本只有具体经济诉求的社会冲突由于得不到有效控制，涓涓细流终于汇成长河，晚清十年一千多起社会骚乱也就成为1911年政治巨变的背景与衬托。

革命与改良的赛跑

早些天与朋友讨论清末宪政，或以为清政府之所以到最后丢掉了江山，可能有很多原因，但如果追根溯源，在光绪帝和慈禧皇太后相继突然去世后，无论如何不应轻易改变先前已经达成共识的预备立宪日程，不应该放弃"有计划政治"。这个说法不一定能够完全说明清末立宪何以最终失败，说明清代两百多年江山何以丢失，但这个说法毕竟给了我们一个新的启示，值得关注。

经过九年准备实行君主立宪确实是慈禧皇太后和光绪帝在世时制定的政治日程表，也是当时国内外立宪党人的基本共识，其依据就是日本明治维新从开始到实现经历了二十多年时间的准备，即便有日本经验作参照，要将一个君主专制的国家带到君主立宪的路上也需要一个比较漫长的时间。

然而，在清政府作出这个政治决定之后仅仅两年时间，光绪帝突然去世了，慈禧皇太后也相继归西了，接手帝国管理大权的是光绪帝的弟弟摄政王监国载沣和他的嫂子即光绪帝的遗孀隆裕皇太后。就政治权威和影响力来说，新的权力核心显然没有办法与光绪帝、慈禧皇太后时代比。萧规曹随是个最好的选择，一切按部就班应该是最佳出路。只是形势比人强，计划跟不上变化，许多既定的政治安排总会被突然发生的事情所打乱。

外交危机打乱立宪步伐

1909 年 9 月 4 日，中、日两国政府就东三省开发达成《中韩界务条款》，这就是历史上有名的《间岛协约》。根据这个条约，日本承认延边地区为中国领土，以此换取日本在东三省修筑铁路开采矿山的权利。清政府对这个条约寄予相当期待，以为就此能够化解中日之间的外交纷争，平和解决困扰清政府多年的东三省主权及开发问题。然而在立宪党人看来，这个协约不仅使日本在东三省的殖民势力急剧扩张，而且允许日本干预东三省地方司法等事务，严重侵犯了中国主权，有丧权辱国的味道。

突然而至的外交危机引发了国内政治动荡，立宪党人迅速意识到要救国只有进行政治改革，只有加快立宪步伐，于是一拨又一拨的国会请愿运动风起云涌，向朝廷施压，要求朝廷改变九年预备立宪日程，立即开国会或者修正预备立宪时间。

根据九年立宪政治日程表，正式国会的过渡形态资政院于 1910 年 10 月 3 日正式开院。这是一个准议会性质的机构，具有明显的过渡特征，资政院的议员包括宗室王公世爵十六人，满汉世爵十二人，外藩王公世爵十四人，宗室觉罗六人，各部院长官三十二人，硕学通儒及纳税多额者各十人等，总计一百人，均由皇帝钦选；民选议员亦是一百人，主要由各省咨议局推选。资政院代行议会的职能，负责议定政府财政的收入与支出，制定法规，弹劾大臣，但由于不是完全议会，因而资政院在本质上只是皇帝的御用机构。

资政院并不独立拥有很大的权力，但对各省咨议局因《间岛协约》而组成的国会请愿代表团来说，资政院却是一个哭诉对象。资政院开院那一天，国会请愿代表团向全国人民发布了一个通告，宣布将向资政院、会议政务处、摄政王监国等请愿，他们的政治诉求只有一个，就是请朝廷立即召开正式国会，立即采取措施以挽救国家，抵制日本还有俄国对东三省主权的侵蚀。

10 月 7 日上午，孙洪伊等请愿代表整装待发，突然有学生赵振清、牛广生等十七人向请愿代表递交了一份请愿书，并拿出利刃，准备以自杀为请愿代表饯行。自杀的事情在请愿代表的阻止下没有发生，但这两位学生还是乘人不备，各自从身上割下一块肉，以表达对请愿代表支持到底的决心。第二天，同样的故事在北京再次发生，青年学生张成珍、张云湖等将自己的血书送交代表团，激励请愿代表不达目的誓不罢休。

学生的悲情和社会舆论的激荡深深影响了请愿代表团和咨议局联合会的每一个成员，他们在那些天里不辞辛劳来回奔波，将陈情书、请愿书送至摄政王府和资政院，并利用各种渠道拜访军机大臣、政府要员。他们的辛苦尤其是悲情终于打动了那些王公大臣，终于换来了执政者的首肯与认同。庆亲王奕劻在接见时表示认同速开国会的要求，同意在方便时会促成朝廷尽快作出决定。

各方要求速开国会

在清政府的政治架构中，资政院的制度设计原本只是预备立宪过程中的一个过渡形态，只是为了培养人民的参政意识，引导人民有计划有秩序地逐步加大对政治的参与。清政府之所以同意这样做，当然最终目的是期望达成完全立宪，建立一个更合理的政治体制。现在突然遇到了外交困难，人们不是从原有政治架构上寻找出路，而是期待以推动政治改革去化解外交危机。这究竟是远水解近渴，还是临渴而掘井，其实没人说得清。

国会请愿运动在北京继续僵持，东三省局势也在演化着。10 月 20 日，东三省总督锡良向清政府报告了日、俄两国对东三省的威逼，建议清政府动员全国力量保卫东三省。25 日，锡良与湖广总督瑞澂、两广总督袁树勋、云贵总督李经羲、伊犁将军广福、江苏巡抚程德全、安徽巡抚朱家宝、山东巡抚孙宝琦、山西巡抚丁宝铨、河南巡抚宝棻、新疆巡抚联魁、江西巡抚冯汝骙、湖南巡抚杨文鼎、广西巡抚张鸣岐、贵州巡抚庞鸿书等联名致电清政府，要求立即组织内阁，定次年开国会。同一天，直隶总督陈夔龙独自奏请朝廷先行组织责任内阁，以拯救时局。

各地封疆大吏和朝廷重臣一系列政治举动当然是对各省咨议局国会请愿运动的支持，同时也是对朝廷对摄政王施加压力。摄政王在各省封疆大吏通电同一天接见请愿代表孙洪伊，明白表示他个人虽然并不认为现在具备了召集正式国会的条件，依然相信先前的共识，相信立宪需要预备需要过程，需要各方面有序理性参与，但是假如大家都准备改变既定日程，假如资政院就此作出新决定，那么他个人一定会尊重资政院，尊重人民的选择，决不会固守立场，冥顽不化。

摄政王的表态无疑是至关重要的，第二天（26日），资政院就此作出新决定，奏请朝廷顺应民意，速开国会。

各省督抚要求速开国会，资政院也就此作出了新决定，摄政王在这种情形下只好践行几天前的承诺，于10月28日宣布既然各省咨议局及各省人民代表都认为应该速开国会，既然各省督抚也认同这个建议，那么朝廷也不愿违逆人民意愿，因而决定将这些问题提交给会议政务处王大臣会议讨论，决定方针，制定步骤。

从当时国内情形看，朝廷内外全国上下，好像万众一心力保东三省，群情激昂令人动容。这大概也是朝廷比较容易接受改变既定政治日程的一个主要因素。11月3日，摄政王如约主持政务处王大臣会议，详尽讨论国会请愿代表团、各省咨议局联合会，特别是锡良等督抚大员所提出的尽快颁布正式宪法，尽快组织责任内阁，尽快召集正式国会等建议。与会者普遍认为各方面的要求也确实是为了国家为了东三省，其动机不必怀疑，其热情应该支持，于是会议出现了比较一边倒的情形，同意朝廷对各方面要求给予积极回应，建议在继续保持政治秩序持续稳定的同时，确实应该适度加快立宪步伐，缩短预备立宪时间，尽早召集正式国会。

朝廷同意提前正式立宪

会议政务处王大臣会议的讨论是严肃的，所作出的决定也是慎重稳妥的，因而在会议第二天（11月4日），朝廷郑重宣布将几年前由光绪帝、慈禧皇太后制订的预备立宪计划略加调整，将九年预备期缩短为五年。按照这个调整，正式国会的召集将前移至1913年。

朝廷在作出这些宣布的时候已经到了1910年年底，此时距1913年满打满算也就是两年时间。时间紧，任务重，所以朝廷在同意缩短预备立宪时间的同时也要求各地务必加紧准备，依然应该按照九年规划一步一步完成官制厘定，预备组建责任内阁，编定正式宪法。

既然同意提前实现正式立宪了，朝廷由此也宣布了一个纪律，要求各省咨议局联合会不得再组织什么请愿运动，已经在北京的请愿代表应该尽快返回各地，大家都应该在新的共识上继续奋斗，不要再指望朝廷就此作出什么新的决定。政治日程不能朝三暮四，不能言而无信，摄政王真诚期待大家按照这个调整后的计划次第进行，有序参与。

朝廷的调整是慎重的，既是对民众及各省督抚重臣呼吁的积极回应，也充分考虑了中国政治实际，调整后的时间之所以定在1913年，因为即便按照原来的计划，那时也应该进行资政院重新选举。既然资政院需要重新选举，那就干脆将重新选举变成正式国会选举吧，这大约就是朝廷同意缩短立宪年限的原因。

根据调整后的日程，清政府于11月12日向民政部、度支部、法部、学部等衙门下达指示，要求这些衙门按照调整后的规划将各自承担的准备事宜按时完成，务必不能影响正式国会的召集。12月6日，朝廷又令宪政编查馆根据调整后的时间重新编制预备立宪逐年筹备事项，将原来的九年规划中的任务压缩到五年之中。

清政府的诚意与让步现在看来都不必怀疑，从君主专制走上君主立宪毕竟不是说得那么简单。浙江、江苏等地的请愿代表对朝廷的答复和调整表示满意，他们很快就答应接受朝廷的建议，劝说请愿代表尽快离开北京，以便让朝廷有时间有精力尽心准备。

然而，也有许多人对朝廷的让步很不满意，他们的理由是，朝廷既然将九年预备立宪调整了，时间缩短了，为什么不能一步到位立马施行呢？为什么不能明年（1911 年）就召开正式国会呢？这些质疑从形式逻辑层面当然不能说没有道理，只是恶性的政治循环从这里找到了依据和前例。第二年（1911 年），即便清政府意识到皇族内阁可能错了，铁路干线国有化政策可能也有修正空间，但朝廷也不敢轻易调整了，因为他们真的担心重演国会请愿运动的故事，担心恶性循环。于是只好咬牙硬挺，结果输得更惨，丢掉了本钱。

© 马勇 2016

图书在版编目（ＣＩＰ）数据

马勇说晚清 / 马勇著.—沈阳：万卷出版公司，2016.9
ISBN 978-7-5470-4269-4

Ⅰ. ①马… Ⅱ. ①马… Ⅲ. ①中国历史－研究－清后期 Ⅳ. ①K252.07
中国版本图书馆CIP数据核字（2016）第192252号

出品人 刘一秀

出版发行：北方联合出版传媒（集团）股份有限公司
　　　　　万卷出版公司
　　　　　（地址：沈阳市和平区十一纬路25号 邮编：110003）
印 刷 者：北京鹏润伟业印刷有限公司
经 销 者：全国新华书店

幅面尺寸：146mm×210mm　　　　　装 帧：精 装
印 张：9　　　　　　　　　　　　 字 数：165千字
出版时间：2016年9月第1版　　　　印刷时间：2016年9月第1次印刷
责任编辑：杨春光　　　　　　　　 责任校对：杨春晓
装帧设计：刘萍萍
ISBN 978-7-5470-4269-4
定 价：37.80元

联系电话：024-23284090　　　　　邮购热线：024-23284050
传 真：024-23284521　　　　　　 E-mail：book_light@sina.com
腾讯微博：http://t.qq.com/wjcbgs　 网 址：http://www.chinavpc.com

常年法律顾问：李福 版权所有 侵权必究 举报电话：024-23284090
如有质量问题，请与印务部联系。联系电话：024-23284452